TRANZLATY

La Langue est pour tout le Monde

Jazyk je pro každého

L'appel de la forêt

Volání divočiny

Jack London

Français / Čeština

Dans le primitif
Do primitivu

Buck ne lisait pas les journaux.
Buck nečetl noviny.
S'il avait lu les journaux, il aurait su que des problèmes se préparaient.
Kdyby si přečetl noviny, věděl by, že se chystají problémy.
Il y avait des problèmes non seulement pour lui-même, mais pour tous les chiens de la marée.
Neměl s tím potíže jen on sám, ale všichni psi z přílivu a odlivu.
Tout chien musclé et aux poils longs et chauds allait avoir des ennuis.
Každý pes silný a svalnatý s teplou, dlouhou srstí bude mít problém.
De Puget Bay à San Diego, aucun chien ne pouvait échapper à ce qui allait arriver.
Od Puget Bay po San Diego se žádný pes nemohl vyhnout tomu, co přicházelo.
Des hommes, tâtonnant dans l'obscurité de l'Arctique, avaient trouvé un métal jaune.
Muži, tápající v arktické temnotě, našli žlutý kov.
Les compagnies de navigation et de transport étaient à la recherche de cette découverte.
Parníky a dopravní společnosti se o objev usilovně snažily.
Des milliers d'hommes se précipitaient vers le Nord.
Tisíce mužů se řítily do Severní země.
Ces hommes voulaient des chiens, et les chiens qu'ils voulaient étaient des chiens lourds.
Tito muži chtěli psy a psi, které chtěli, byli těžkooděnci.
Chiens dotés de muscles puissants pour travailler.
Psi se silnými svaly, s nimiž se daří dřít.
Chiens avec des manteaux de fourrure pour les protéger du gel.
Psi s chlupatou srstí, která je chrání před mrazem.

Buck vivait dans une grande maison dans la vallée ensoleillée de Santa Clara.

Buck žil ve velkém domě v sluncem zalitém údolí Santa Clara.

La maison du juge Miller s'appelait ainsi.

Říkalo se mu dům soudce Millera.

Sa maison se trouvait en retrait de la route, à moitié cachée parmi les arbres.

Jeho dům stál vzadu od silnice, napůl skrytý mezi stromy.

On pouvait apercevoir la large véranda qui courait autour de la maison.

Bylo možné zahlédnout širokou verandu táhnoucí se kolem domu.

On accédait à la maison par des allées gravillonnées.

K domu se přibližovaly štěrkové příjezdové cesty.

Les sentiers serpentaient à travers de vastes pelouses.

Cesty se vinuly rozlehlými trávníky.

Au-dessus de nos têtes se trouvaient les branches entrelacées de grands peupliers.

Nad hlavou se proplétaly větve vysokých topolů.

À l'arrière de la maison, les choses étaient encore plus spacieuses.

V zadní části domu bylo ještě prostorněji.

Il y avait de grandes écuries, où une douzaine de palefreniers discutaient

Byly tam velké stáje, kde si povídalo tucet čeledí

Il y avait des rangées de maisons de serviteurs recouvertes de vigne

Byly tam řady vinnou révou pokrytých služebnických domků

Et il y avait une gamme infinie et ordonnée de toilettes extérieures

A byla tam nekonečná a uspořádaná řada hospodářských budov

Longues tonnelles de vigne, pâturages verts, vergers et parcelles de baies.

Dlouhé vinice, zelené pastviny, sady a bobulové háje.

Ensuite, il y avait l'usine de pompage du puits artésien.

Pak tu byla čerpací stanice pro artézský vrt.

Et il y avait le grand réservoir en ciment rempli d'eau.
A tam byla velká cementová nádrž naplněná vodou.
C'est ici que les garçons du juge Miller ont fait leur plongeon matinal.
Zde se chlapci soudce Millera ráno skočili do vody.
Et ils se sont rafraîchis là-bas aussi dans l'après-midi chaud.
A také se tam v horkém odpoledni ochladili.
Et sur ce grand domaine, Buck était celui qui régnait sur tout.
A nad touto velkou doménou vládl Buck.
Buck est né sur cette terre et y a vécu toutes ses quatre années.
Buck se narodil na této zemi a žil zde všechny své čtyři roky.
Il y avait bien d'autres chiens, mais ils n'avaient pas vraiment d'importance.
Sice tam byli i jiní psi, ale ti vlastně nebyli důležití.
D'autres chiens étaient attendus dans un endroit aussi vaste que celui-ci.
Na tak rozlehlém místě se očekávali i další psi.
Ces chiens allaient et venaient, ou vivaient à l'intérieur des chenils très fréquentés.
Tito psi přicházeli a odcházeli, nebo žili v rušných kotcích.
Certains chiens vivaient cachés dans la maison, comme Toots et Ysabel.
Někteří psi žili schovaní v domě, jako například Toots a Ysabel.
Toots était un carlin japonais, Ysabel un chien nu mexicain.
Toots byl japonský mops, Ysabel mexická naháč.
Ces étranges créatures sortaient rarement de la maison.
Tito podivní tvorové jen zřídka vycházeli z domu.
Ils n'ont pas touché le sol, ni respiré l'air libre à l'extérieur.
Nedotkli se země ani nečichali k čerstvému vzduchu venku.
Il y avait aussi les fox-terriers, au moins une vingtaine.
Byli tam také foxteriéři, nejméně dvacet.
Ces terriers aboyaient férocement sur Toots et Ysabel à l'intérieur.
Tito teriéři uvnitř zuřivě štěkali na Tootse a Ysabel.

Toots et Ysabel sont restés derrière les fenêtres, à l'abri du danger.

Toots a Ysabel zůstali za okny, v bezpečí před nebezpečím.

Ils étaient gardés par des domestiques munies de balais et de serpillères.

Hlídaly je služebné s košťaty a mopy.

Mais Buck n'était pas un chien de maison, et il n'était pas non plus un chien de chenil.

Ale Buck nebyl žádný domácí pes a nebyl ani pes do psí boudy.

L'ensemble de la propriété appartenait à Buck comme son royaume légitime.

Celý majetek patřil Buckovi jako jeho právoplatná říše.

Buck nageait dans le réservoir ou partait à la chasse avec les fils du juge.

Buck plaval v nádrži nebo chodil lovit se soudcovými syny.

Il marchait avec Mollie et Alice tôt ou tard le soir.

Chodil s Mollie a Alicí v časných i pozdních hodinách.

Lors des nuits froides, il s'allongeait devant le feu de la bibliothèque avec le juge.

Za chladných nocí ležel se soudcem u krbu v knihovně.

Buck a promené les petits-fils du juge sur son dos robuste.

Buck vozil soudcovy vnuky na svém silném hřbetě.

Il roula dans l'herbe avec les garçons, les surveillant de près.

Válel se s chlapci v trávě a bedlivě je hlídal.

Ils s'aventurèrent jusqu'à la fontaine et même au-delà des champs de baies.

Vydali se k fontáně a dokonce i kolem jahodových polí.

Parmi les fox terriers, Buck marchait toujours avec une fierté royale.

Mezi foxteriéry se Buck vždycky procházel s královskou hrdostí.

Il ignora Toots et Ysabel, les traitant comme s'ils étaient de l'air.

Ignoroval Tootse a Ysabel a choval se k nim, jako by byli vzduch.

Buck régnait sur toutes les créatures vivantes sur les terres du juge Miller.

Buck vládl všem živým tvorům na pozemku soudce Millera.

Il régnait sur les animaux, les insectes, les oiseaux et même les humains.

Vládl nad zvířaty, hmyzem, ptáky a dokonce i lidmi.

Le père de Buck, Elmo, était un énorme et fidèle Saint-Bernard.

Buckův otec Elmo byl obrovský a věrný svatý Bernard.

Elmo n'a jamais quitté le juge et l'a servi fidèlement.

Elmo nikdy neopustil soudcovu stranu a věrně mu sloužil.

Buck semblait prêt à suivre le noble exemple de son père.

Buck se zdál být připraven následovat ušlechtilý příklad svého otce.

Buck n'était pas aussi gros, pesant cent quarante livres.

Buck nebyl tak velký, vážil sto čtyřicet liber.

Sa mère, Shep, était un excellent chien de berger écossais.

Jeho matka, Shep, byla vynikající skotská ovčácká fena.

Mais même avec ce poids, Buck marchait avec une présence royale.

Ale i s tou váhou Buck kráčel s královskou důstojností.

Cela venait de la bonne nourriture et du respect qu'il recevait toujours.

To pramenilo z dobrého jídla a respektu, kterého se mu vždy dostávalo.

Pendant quatre ans, Buck a vécu comme un noble gâté.

Čtyři roky žil Buck jako rozmazlený šlechtic.

Il était fier de lui, et même légèrement égoïste.

Byl na sebe hrdý a dokonce i trochu egoistický.

Ce genre de fierté était courant chez les seigneurs des régions reculées.

Takový druh hrdosti byl u odlehlých venkovských pánů běžný.

Mais Buck s'est sauvé de devenir un chien de maison choyé.

Ale Buck se zachránil před tím, aby se z něj stal rozmazlený domácí pes.

Il est resté mince et fort grâce à la chasse et à l'exercice.

Díky lovu a cvičení si udržel štíhlou a silnou postavu.

Il aimait profondément l'eau, comme les gens qui se baignent dans les lacs froids.

Hluboce miloval vodu, jako lidé, kteří se koupou ve studených jezerech.

Cet amour pour l'eau a gardé Buck fort et en très bonne santé.

Tato láska k vodě udržovala Bucka silného a velmi zdravého.

C'était le chien que Buck était devenu à l'automne 1897.

To byl pes, kterým se Buck stal na podzim roku 1897.

Lorsque la découverte du Klondike a attiré des hommes vers le Nord gelé.

Když útok na Klondike stáhl muže na zamrzlý sever.

Des gens du monde entier se sont précipités vers ce pays froid.

Lidé z celého světa se hrnuli do chladné země.

Buck, cependant, ne lisait pas les journaux et ne comprenait pas les nouvelles.

Buck však nečetl noviny ani nerozuměl zprávám.

Il ne savait pas que Manuel était un homme désagréable à fréquenter.

Nevěděl, že Manuel je špatný člověk.

Manuel, qui aidait au jardin, avait un problème grave.

Manuel, který pomáhal na zahradě, měl velký problém.

Manuel était accro aux jeux de loterie chinois.

Manuel byl závislý na hazardních hrách v čínské loterii.

Il croyait également fermement en un système fixe pour gagner.

Také silně věřil v pevný systém vítězství.

Cette croyance rendait son échec certain et inévitable.

Tato víra činila jeho selhání jistým a nevyhnutelným.

Jouer un système exige de l'argent, ce qui manquait à Manuel.

Hraní systémem vyžaduje peníze, které Manuel postrádal.

Son salaire suffisait à peine à subvenir aux besoins de sa femme et de ses nombreux enfants.

Jeho plat sotva stačil na to, aby uživil svou ženu a mnoho dětí.

La nuit où Manuel a trahi Buck, les choses étaient normales.
V noci, kdy Manuel zradil Bucka, bylo všechno normální.
Le juge était présent à une réunion de l'Association des
producteurs de raisins secs.
Soudce byl na schůzi Asociace pěstitelů rozinek.
Les fils du juge étaient alors occupés à former un club
d'athlétisme.
Soudcovi synové tehdy pilně zakládali atletický klub.
Personne n'a vu Manuel et Buck sortir par le verger.
Nikdo neviděl Manuela a Bucka odcházet sadem.
Buck pensait que cette promenade n'était qu'une simple
promenade nocturne.
Buck si myslel, že tahle procházka je jen obyčejná noční
procházka.
Ils n'ont rencontré qu'un seul homme à la station du
drapeau, à College Park.
Na vlajkové stanici v College Parku potkali jen jednoho muže.
Cet homme a parlé à Manuel et ils ont échangé de l'argent.
Ten muž promluvil s Manuelem a vyměnili si peníze.
« Emballez les marchandises avant de les livrer », a-t-il
suggéré.
„Zabalte zboží, než ho doručíte," navrhl.
La voix de l'homme était rauque et impatiente lorsqu'il
parlait.
Mužův hlas byl, když mluvil, drsný a netrpělivý.
Manuel a soigneusement attaché une corde épaisse autour
du cou de Buck.
Manuel opatrně uvázal Buckovi kolem krku tlusté lano.
« Tournez la corde et vous l'étoufferez abondamment »
„Otoč to lano a pořádně ho uškrtíš."
L'étranger émit un grognement, montrant qu'il comprenait
bien.
Cizinec zabručel, čímž ukázal, že dobře rozumí.
Buck a accepté la corde avec calme et dignité tranquille ce
jour-là.
Buck toho dne přijal lano s klidem a tichou důstojností.

C'était un acte inhabituel, mais Buck faisait confiance aux hommes qu'il connaissait.

Byl to neobvyklý čin, ale Buck mužům, které znal, důvěřoval.

Il croyait que leur sagesse allait bien au-delà de sa propre pensée.

Věřil, že jejich moudrost daleko přesahuje jeho vlastní myšlení.

Mais ensuite la corde fut remise entre les mains de l'étranger.

Ale pak bylo lano podáno do rukou cizince.

Buck émit un grognement sourd qui avertissait avec une menace silencieuse.

Buck tiše zavrčel, ale s tichou hrozbou.

Il était fier et autoritaire, et voulait montrer son mécontentement.

Byl hrdý a panovačný a chtěl dát najevo svou nelibost.

Buck pensait que son avertissement serait compris comme un ordre.

Buck věřil, že jeho varování bude chápáno jako rozkaz.

À sa grande surprise, la corde se resserra rapidement autour de son cou épais.

K jeho úžasu se lano kolem jeho tlustého krku rychle utáhlo.

Son air fut coupé et il commença à se battre dans une rage soudaine.

Nedostával se mu dech a v náhlém vzteku se začal bránit.

Il s'est jeté sur l'homme, qui a rapidement rencontré Buck en plein vol.

Skočil na muže, který se ve vzduchu rychle setkal s Buckem.

L'homme attrapa Buck par la gorge et le fit habilement tourner dans les airs.

Muž chytil Bucka za krk a dovedně s ním zkroutil ve vzduchu.

Buck a été violemment projeté au sol, atterrissant à plat sur le dos.

Buck byl tvrdě sražen k zemi a dopadl na záda.

La corde l'étranglait alors cruellement tandis qu'il donnait des coups de pied sauvages.

Provaz ho teď krutě škrtil, zatímco divoce kopal.

Sa langue tomba, sa poitrine se souleva, mais il ne reprit pas son souffle.

Vypadl mu jazyk, hruď se mu zvedla, ale nenadechl se.

Il n'avait jamais été traité avec une telle violence de sa vie.

V životě s ním nikdo nezacházel s takovým násilím.

Il n'avait jamais été rempli d'une fureur aussi profonde auparavant.

Také ho nikdy předtím nezaplavil tak hluboký vztek.

Mais le pouvoir de Buck s'est estompé et ses yeux sont devenus vitreux.

Ale Buckova moc slábla a jeho oči se zakalily.

Il s'est évanoui juste au moment où un train s'arrêtait à proximité.

Omdlel právě ve chvíli, kdy poblíž zastavil vlak.

Les deux hommes le jetèrent alors rapidement dans le fourgon à bagages.

Pak ho oba muži rychle hodili do zavazadlového vozu.

La chose suivante que Buck ressentit fut une douleur dans sa langue enflée.

Další věc, kterou Buck ucítil, byla bolest v oteklém jazyku.

Il se déplaçait dans un chariot tremblant, à peine conscient.

Pohyboval se v třesoucím se vozíku a byl jen matně při vědomí.

Le cri aigu d'un sifflet de train indiqua à Buck où il se trouvait.

Ostré zapískání vlakové píšťalky prozradilo Buckovi, kde se nachází.

Il avait souvent roulé avec le juge et connaissait ce sentiment.

Často jezdil se Soudcem a znal ten pocit.

C'était le choc unique de voyager à nouveau dans un fourgon à bagages.

Byl to zase ten jedinečný pocit cestování v zavazadlovém vagonu.

Buck ouvrit les yeux et son regard brûla de rage.

Buck otevřel oči a jeho pohled hořel vzteky.

C'était la colère d'un roi fier déchu de son trône.

To byl hněv pyšného krále, sesazeného z trůnu.

Un homme a tenté de l'attraper, mais Buck a frappé en premier.

Muž se natáhl, aby ho chytil, ale Buck ho místo toho udeřil první.

Il enfonça ses dents dans la main de l'homme et la serra fermement.

Zaryl muži zuby do ruky a pevně ji držel.

Il ne l'a pas lâché jusqu'à ce qu'il s'évanouisse une deuxième fois.

Nepustil ho, dokud podruhé neztratil vědomí.

« Ouais, il a des crises », murmura l'homme au bagagiste.

„Jo, má záchvaty," zamumlal muž zavazadlovému doručovateli.

Le bagagiste avait entendu la lutte et s'était approché.

Zavazadlový doručovatel zaslechl zápas a přiblížil se.

« Je l'emmène à Frisco pour le patron », a expliqué l'homme.

„Vezmu ho do San Francisca kvůli šéfovi," vysvětlil muž.

« Il y a un excellent vétérinaire qui dit pouvoir les guérir. »

„Je tam jeden skvělý psí doktor, který říká, že je dokáže vyléčit."

Plus tard dans la soirée, l'homme a donné son propre récit complet.

Později té noci muž podal svou vlastní plnou zprávu.

Il parlait depuis un hangar derrière un saloon sur les quais.

Mluvil z kůlny za saloonem na molu.

« Tout ce qu'on m'a donné, c'était cinquante dollars », se plaignit-il au vendeur du saloon.

„Dostal jsem jen padesát dolarů," stěžoval si majiteli saloonu.

« Je ne le referais pas, même pour mille dollars en espèces. »

„Už bych to neudělal, ani za tisícovku v hotovosti."

Sa main droite était étroitement enveloppée dans un tissu ensanglanté.

Pravou ruku měl pevně omotanou krvavou látkou.

Son pantalon était déchiré du genou au pied.

Jeho nohavice byla roztrhaná od kolena až k patě.

« Combien a été payé l'autre idiot ? » demanda le vendeur du saloon.

„Kolik dostal ten druhý blbec?" zeptal se prodavač v saloonu.

« Cent », répondit l'homme, « il n'accepterait pas un centime de moins. »

„Sto," odpověděl muž, „nevzal by ani o cent méně."

« Cela fait cent cinquante », dit le vendeur du saloon.

„To je sto padesát," řekl prodavač v saloonu.

« Et il vaut tout ça, sinon je ne suis pas meilleur qu'un imbécile. »

„A on za to všechno stojí, jinak nejsem o nic lepší než hlupák."

L'homme ouvrit les emballages pour examiner sa main.

Muž otevřel obaly, aby si prohlédl ruku.

La main était gravement déchirée et couverte de sang séché.

Ruka byla těžce potrhaná a pokrytá zaschlou krví.

« Si je n'ai pas l' hydrophobie… » commença-t-il à dire.

„Jestli nedostanu hydrofobii…" začal říkat.

« Ce sera parce que tu es né pour être pendu », dit-il en riant.

„To bude tím, že ses narodil pro věšení," ozval se smích.

« Viens m'aider avant de partir », lui a-t-on demandé.

„Pojď mi pomoct, než půjdeš," požádali ho.

Buck était dans un état second à cause de la douleur dans sa langue et sa gorge.

Buck byl omámený bolestí v jazyku a krku.

Il était à moitié étranglé et pouvait à peine se tenir debout.

Byl napůl uškrcený a sotva se udržel na nohou.

Pourtant, Buck essayait de faire face aux hommes qui l'avaient blessé ainsi.

Buck se přesto snažil čelit mužům, kteří mu tolik ublížili.

Mais ils le jetèrent à terre et l'étranglèrent une fois de plus.

Ale oni ho shodili na zem a znovu ho uškrtili.

Ce n'est qu'à ce moment-là qu'ils ont pu scier son lourd collier de laiton.

Teprve potom mu mohli uříznout těžký mosazný obojek.

Ils ont retiré la corde et l'ont poussé dans une caisse.

Sundali lano a strčili ho do bedny.

La caisse était petite et avait la forme d'une cage en fer brut.

Bedna byla malá a tvarem připomínala hrubou železnou klec.

Buck resta allongé là toute la nuit, rempli de colère et d'orgueil blessé.

Buck tam ležel celou noc, plný hněvu a zraněné hrdosti.

Il ne pouvait pas commencer à comprendre ce qui lui arrivait.

Nemohl ani začít chápat, co se s ním děje.

Pourquoi ces hommes étranges le gardaient-ils dans cette petite caisse ?

Proč ho tihle podivní muži drželi v téhle malé kleci?

Que voulaient-ils de lui et pourquoi cette cruelle captivité ?

Co s ním chtěli a proč toto kruté zajetí?

Il ressentait une pression sombre, un sentiment de catastrophe qui se rapprochait.

Cítil temný tlak; pocit blížící se katastrofy.

C'était une peur vague, mais elle pesait lourdement sur son esprit.

Byl to neurčitý strach, ale těžce ho zasáhl.

Il a sursauté à plusieurs reprises lorsque la porte du hangar a claqué.

Několikrát vyskočil, když zarachotily dveře kůlny.

Il s'attendait à ce que le juge ou les garçons apparaissent et le sauvent.

Čekal, že se objeví soudce nebo chlapci a zachrání ho.

Mais à chaque fois, seul le gros visage du tenancier de bar apparaissait à l'intérieur.

Ale dovnitř pokaždé nakoukl jen tlustý obličej majitele saloonu.

Le visage de l'homme était éclairé par la faible lueur d'une bougie de suif.

Mužovu tvář osvětlovala slabá záře lojové svíčky.

À chaque fois, l'aboiement joyeux de Buck se transformait en un grognement bas et colérique.

Pokaždé se Buckovo radostné štěkání změnilo v tiché, rozzlobené vrčení.

Le tenancier du saloon l'a laissé seul pour la nuit dans la caisse

Hostinský ho nechal na noc samotného v kleci

Mais quand il se réveilla le matin, d'autres hommes arrivèrent.

Ale když se ráno probudil, přicházeli další muži.

Quatre hommes sont venus et ont ramassé la caisse avec précaution, sans un mot.

Přišli čtyři muži a beze slova opatrně zvedli bednu.

Buck comprit immédiatement dans quelle situation il se trouvait.

Buck si okamžitě uvědomil, v jaké situaci se nachází.

Ils étaient d'autres bourreaux qu'il devait combattre et craindre.

Byli to další mučitelé, s nimiž musel bojovat a kterých se bát.

Ces hommes avaient l'air méchants, en haillons et très mal soignés.

Tito muži vypadali zle, otrhaně a velmi špatně upraveně.

Buck grogna et se jeta férocement sur eux à travers les barreaux.

Buck zavrčel a zuřivě se na ně vrhl skrz mříže.

Ils se sont contentés de rire et de le frapper avec de longs bâtons en bois.

Jen se smáli a píchali do něj dlouhými dřevěnými holemi.

Buck a mordu les bâtons, puis s'est rendu compte que c'était ce qu'ils aimaient.

Buck se zakousl do klacíků a pak si uvědomil, že tohle mají rádi.

Il s'allongea donc tranquillement, maussade et brûlant d'une rage silencieuse.

Tak si tiše lehl, zachmuřený a hořící tichým vztekem.

Ils ont soulevé la caisse dans un chariot et sont partis avec lui.

Naložili bednu do vozu a odvezli s ním pryč.

La caisse, avec Buck enfermé à l'intérieur, changeait souvent de mains.

Bedna s Buckem zamčeným uvnitř často měnila majitele.

Les employés du bureau express ont pris les choses en main et l'ont traité brièvement.

Úředníci expresní kanceláře se ujali řízení a krátce se s ním vypořádali.

Puis un autre chariot transporta Buck à travers la ville bruyante.

Pak další vůz vezl Bucka přes hlučné město.

Un camion l'a emmené avec des cartons et des colis sur un ferry.

Nákladní auto ho s krabicemi a balíky odvezlo na trajekt.

Après la traversée, le camion l'a déchargé dans un dépôt ferroviaire.

Po překročení hranice ho nákladní vůz vyložil v železniční stanici.

Finalement, Buck fut placé dans une voiture express en attente.

Konečně Bucka umístili do čekajícího rychlíku.

Pendant deux jours et deux nuits, les trains ont emporté la voiture express.

Dva dny a noci vlaky odtahovaly rychlík.

Buck n'a ni mangé ni bu pendant tout le douloureux voyage.

Buck během celé bolestivé cesty nejedl ani nepil.

Lorsque les messagers express ont essayé de l'approcher, il a grogné.

Když se k němu kurýři pokusili přiblížit, zavrčel.

Ils ont réagi en se moquant de lui et en le taquinant cruellement.

Reagovali tím, že se mu posmívali a krutě si z něj utahovali.

Buck se jeta sur les barreaux, écumant et tremblant

Buck se vrhl k mřížím, pěnil a třásl se

ils ont ri bruyamment et l'ont raillé comme des brutes de cour d'école.

hlasitě se smáli a posmívali se mu jako školní tyrani.

Ils aboyaient comme de faux chiens et battaient des bras.

Štěkali jako falešní psi a mávali rukama.

Ils ont même chanté comme des coqs juste pour le contrarier davantage.

Dokonce kokrhali jako kohouti, jen aby ho ještě víc rozrušili.

C'était un comportement stupide, et Buck savait que c'était ridicule.

Bylo to hloupé chování a Buck věděl, že je to absurdní.

Mais cela n'a fait qu'approfondir son sentiment d'indignation et de honte.

To ale jen prohloubilo jeho pocit rozhořčení a studu.

Il n'a pas été trop dérangé par la faim pendant le voyage.

Během cesty ho hlad moc netrápil.

Mais la soif provoquait une douleur aiguë et une souffrance insupportable.

Ale žízeň přinášela ostrou bolest a nesnesitelné utrpení.

Sa gorge sèche et enflammée et sa langue brûlaient de chaleur.

Suché, zanícené hrdlo a jazyk ho pálily horkem.

Cette douleur alimentait la fièvre qui montait dans son corps fier.

Tato bolest živila horečku, která stoupala v jeho pyšném těle.

Buck était reconnaissant pour une seule chose au cours de ce procès.

Buck byl během této zkoušky vděčný za jednu jedinou věc.

La corde avait été retirée de son cou épais.

Provaz mu byl sundán z tlustého krku.

La corde avait donné à ces hommes un avantage injuste et cruel.

Lano poskytlo těm mužům nespravedlivou a krutou výhodu.

Maintenant, la corde avait disparu et Buck jura qu'elle ne reviendrait jamais.

Teď bylo lano pryč a Buck přísahal, že se už nikdy nevrátí.

Il a décidé qu'aucune corde ne passerait plus jamais autour de son cou.

Rozhodl se, že si už nikdy nebude moci uvázat žádné lano kolem krku.

Pendant deux longs jours et deux longues nuits, il souffrit sans nourriture.

Dva dlouhé dny a noci trpěl bez jídla.

Et pendant ces heures, il a développé une énorme rage en lui.

A v těch hodinách v sobě nashromáždil obrovský vztek.

Ses yeux sont devenus injectés de sang et sauvages à cause d'une colère constante.

Oči měl podlité krví a divoké neustálým hněvem.

Il n'était plus Buck, mais un démon aux mâchoires claquantes.

Už to nebyl Buck, ale démon s cvakajícími čelistmi.

Même le juge n'aurait pas reconnu cette créature folle.

Ani Soudce by toho šíleného tvora nepoznal.

Les messagers express ont soupiré de soulagement lorsqu'ils ont atteint Seattle

Poslové si s úlevou povzdechli, když dorazili do Seattlu

Quatre hommes ont soulevé la caisse et l'ont amenée dans une cour arrière.

Čtyři muži zvedli bednu a odnesli ji na dvůr.

La cour était petite, entourée de murs hauts et solides.

Dvůr byl malý, obehnaný vysokými a pevnými zdmi.

Un grand homme sortit, vêtu d'un pull rouge affaissé.

Vyšel z něj velký muž v ochablém červeném svetru.

Il a signé le carnet de livraison d'une écriture épaisse et audacieuse.

Podepsal dodací knihu tlustým a tučným písmem.

Buck sentit immédiatement que cet homme était son prochain bourreau.

Buck okamžitě vycítil, že tento muž je jeho dalším mučitelem.

Il se jeta violemment sur les barreaux, les yeux rouges de fureur.

Prudce se vrhl na mříže, oči zarudlé vzteky.

L'homme sourit simplement sombrement et alla chercher une hachette.

Muž se jen temně usmál a šel si pro sekerku.

Il portait également une massue dans sa main droite épaisse et forte.

Také si přinesl kyj ve své silné a silné pravé ruce.

« Tu vas le sortir maintenant ? » demanda le chauffeur, inquiet.

„Vy ho teď vezmete ven?" zeptal se řidič znepokojeně.

« Bien sûr », dit l'homme en enfonçant la hachette dans la caisse comme levier.

„Jasně," řekl muž a zapíchl sekerku do bedny jako páku.

Les quatre hommes se dispersèrent instantanément et sautèrent sur le mur de la cour.

Čtyři muži se okamžitě rozprchli a vyskočili na zeď dvora.

Depuis leurs endroits sûrs, ils attendaient d'assister au spectacle.

Ze svých bezpečných míst nahoře čekali, až budou moci sledovat podívanou.

Buck se jeta sur le bois éclaté, le mordant et le secouant violemment.

Buck se vrhl na roztříštěné dřevo, kousal a prudce se třásl.

Chaque fois que la hachette touchait la cage, Buck était là pour l'attaquer.

Pokaždé, když sekera zasáhla klec, Buck tam byl, aby na ni zaútočil.

Il grogna et claqua des dents avec une rage folle, impatient d'être libéré.

Vrčel a štěkal divokým vztekem, dychtivý po osvobození.

L'homme dehors était calme et stable, concentré sur sa tâche.

Muž venku byl klidný a vyrovnaný, soustředěný na svůj úkol.

« Bon, alors, espèce de diable aux yeux rouges », dit-il lorsque le trou fut grand.

„Tak dobře, ty rudoukoučký ďáble," řekl, když se díra zvětšila.

Il laissa tomber la hachette et prit le gourdin dans sa main droite.

Odhodil sekerku a vzal kyj do pravé ruky.

Buck ressemblait vraiment à un diable ; les yeux injectés de sang et flamboyants.

Buck vypadal opravdu jako ďábel; oči podlité krví a planoucí.

Son pelage se hérissait, de la mousse s'échappait de sa bouche, ses yeux brillaient.

Srst se mu ježila, u úst se mu pěnila pěna a oči se mu leskly.

Il rassembla ses muscles et se jeta directement sur le pull rouge.

Napjal svaly a vrhl se přímo na červený svetr.

Cent quarante livres de fureur s'abattèrent sur l'homme calme.

Na klidného muže vystřelilo sto čtyřicet liber zuřivosti.

Juste avant que ses mâchoires ne se referment, un coup terrible le frappa.

Těsně předtím, než se mu čelisti sevřely, ho zasáhla strašlivá rána.

Ses dents claquèrent l'une contre l'autre, rien d'autre que l'air

Jeho zuby cvakaly jen ve vzduchu

une secousse de douleur résonna dans son corps

jeho tělem projela vlna bolesti

Il a fait un saut périlleux en plein vol et s'est écrasé sur le dos et sur le côté.

Ve vzduchu se převrátil a zřítil se na záda a bok.

Il n'avait jamais ressenti auparavant le coup d'un gourdin et ne pouvait pas le saisir.

Nikdy předtím necítil úder kyjem a nedokázal ho uchopit.

Avec un grognement strident, mi-aboiement, mi-cri, il bondit à nouveau.

S pronikavým zavrčením, zčásti štěkotem, zčásti křikem, znovu skočil.

Un autre coup brutal le frappa et le projeta au sol.

Další brutální úder ho zasáhl a srazil ho k zemi.

Cette fois, Buck comprit : c'était la lourde massue de l'homme.

Tentokrát Buck pochopil – byl to mužův těžký kyj.

Mais la rage l'aveuglait, et il n'avait aucune idée de retraite.

Ale vztek ho oslepil a na ústup neměl ani pomyšlení.

Douze fois il s'est lancé et douze fois il est tombé.

Dvanáctkrát se vrhl a dvanáctkrát spadl.

Le gourdin en bois le frappait à chaque fois avec une force impitoyable et écrasante.

Dřevěná kyj ho pokaždé rozdrtila nemilosrdnou, drtivou silou.

Après un coup violent, il se releva en titubant, étourdi et lent.

Po jedné prudké ráně se omámený a pomalý potácel na nohy.

Du sang coulait de sa bouche, de son nez et même de ses oreilles.

Krev mu tekla z úst, nosu a dokonce i z uší.

Son pelage autrefois magnifique était maculé de mousse sanglante.

Jeho kdysi krásný kabát byl potřísněný krvavou pěnou.

Alors l'homme s'est avancé et a donné un coup violent au nez.

Pak muž přistoupil a zasadil mu ošklivou ránu do nosu.

L'agonie était plus vive que tout ce que Buck avait jamais ressenti.

Bolest byla prudší než cokoli, co Buck kdy zažil.

Avec un rugissement plus bête que chien, il bondit à nouveau pour attaquer.

S řevem, spíše zvířecím než psím, znovu skočil do útoku.

Mais l'homme attrapa sa mâchoire inférieure et la tourna vers l'arrière.

Ale muž ho chytil za spodní čelist a zkroutil ji dozadu.

Buck fit un saut périlleux et s'écrasa à nouveau violemment.

Buck se převrátil přes uši a znovu tvrdě dopadl.

Une dernière fois, Buck se précipita sur lui, maintenant à peine capable de se tenir debout.

Buck se na něj naposledy vrhl, sotva se udržel na nohou.

L'homme a frappé avec un timing expert, délivrant le coup final.

Muž udeřil s mistrem včas a zasadil poslední úder.

Buck s'est effondré, inconscient et immobile.

Buck se zhroutil na hromadu, v bezvědomí a bez hnutí.

« Il n'est pas mauvais pour dresser les chiens, c'est ce que je dis », a crié un homme.

„V líčení psů není žádný frajer, to říkám já," zařval muž.

« Druther peut briser la volonté d'un chien n'importe quel jour de la semaine. »

„Druther dokáže zlomit vůli psa kterýkoli den v týdnu."

« Et deux fois un dimanche ! » a ajouté le chauffeur.

„A dvakrát v neděli!" dodal řidič.

Il monta dans le chariot et fit claquer les rênes pour partir.

Vylezl do vozu a šťouchl otěžemi, aby odešel.

Buck a lentement repris le contrôle de sa conscience

Buck pomalu znovu nabýval kontroly nad svým vědomím.

mais son corps était encore trop faible et brisé pour bouger.

ale jeho tělo bylo stále příliš slabé a zlomené na to, aby se pohnul.

Il resta allongé là où il était tombé, regardant l'homme au pull rouge.

Ležel tam, kde padl, a pozoroval muže v červeném svetru.

« Il répond au nom de Buck », dit l'homme en lisant à haute voix.

„Reaguje na jméno Buck," řekl muž a četl nahlas.

Il a cité la note envoyée avec la caisse de Buck et les détails.

Citoval ze vzkazu zaslaného s Buckovou bednou a s podrobnostmi.

« Eh bien, Buck, mon garçon », continua l'homme d'un ton amical,

„No, Bucku, chlapče," pokračoval muž přátelským tónem,

« Nous avons eu notre petite dispute, et maintenant c'est fini entre nous. »

„Měli jsme naši malou hádku a teď je mezi námi konec."

« Tu as appris à connaître ta place, et j'ai appris à connaître la mienne », a-t-il ajouté.

„Naučil ses, kde je tvé místo, a já jsem se naučil, kde je to moje," dodal.

« Sois sage, tout ira bien et la vie sera agréable. »

„Buď hodný, všechno půjde dobře a život bude příjemný."

« Mais sois méchant, et je te botterai les fesses, compris ? »

„Ale buď zlý a já tě zmlátím, rozumíš?"

Tandis qu'il parlait, il tendit la main et tapota la tête douloureuse de Buck.

Zatímco mluvil, natáhl ruku a poplácal Bucka po bolavé hlavě.

Les cheveux de Buck se dressèrent au contact de l'homme, mais il ne résista pas.

Buckovi se při mužově dotyku zježily vlasy, ale nekladl odpor.

L'homme lui apporta de l'eau, que Buck but à grandes gorgées.

Muž mu přinesl vodu, kterou Buck pil velkými doušky.

Puis vint la viande crue, que Buck dévora morceau par morceau.

Pak přišlo syrové maso, které Buck hltal kus po kusu.

Il savait qu'il était battu, mais il savait aussi qu'il n'était pas brisé.

Věděl, že je poražen, ale také věděl, že není zlomený.

Il n'avait aucune chance contre un homme armé d'une matraque.

Proti muži ozbrojenému obuškem neměl šanci.

Il avait appris la vérité et il n'a jamais oublié cette leçon.

Poznal pravdu a na tuto lekci nikdy nezapomněl.

Cette arme était le début de la loi dans le nouveau monde de Buck.

Tato zbraň byla počátkem práva v Buckově novém světě.

C'était le début d'un ordre dur et primitif qu'il ne pouvait nier.

Byl to začátek drsného, primitivního řádu, který nemohl popřít.

Il accepta la vérité ; ses instincts sauvages étaient désormais éveillés.

Přijal pravdu; jeho divoké instinkty se nyní probudily.

Le monde était devenu plus dur, mais Buck l'a affronté avec courage.

Svět se stal drsnějším, ale Buck mu statečně čelil.

Il a affronté la vie avec une prudence, une ruse et une force tranquille nouvelles.

Životu se postavil s novou opatrností, lstí a tichou silou.

D'autres chiens sont arrivés, attachés dans des cordes ou des caisses comme Buck l'avait été.

Přijeli další psi, uvázaní v provazech nebo klecích, jako předtím Buck.

Certains chiens sont venus calmement, d'autres ont fait rage et se sont battus comme des bêtes sauvages.

Někteří psi přicházeli klidně, jiní zuřili a prali se jako divoká zvířata.

Ils furent tous soumis au règne de l'homme au pull rouge.

Všichni byli podrobeni vládě muže v rudém svetru.

À chaque fois, Buck regardait et voyait la même leçon se dérouler.

Buck pokaždé sledoval a viděl, jak se odvíjí totéž.

L'homme avec la massue était la loi, un maître à obéir.

Muž s kyjem byl zákon; pán, kterého je třeba poslouchat.

Il n'avait pas besoin d'être aimé, mais il fallait qu'on lui obéisse.

Nepotřeboval být oblíbený, ale musel být poslouchán.

Buck ne s'est jamais montré flatteur ni n'a remué la queue comme le faisaient les chiens plus faibles.

Buck se nikdy nepodlézal ani nevrátil jako slabší psi.

Il a vu des chiens qui avaient été battus et qui continuaient à lécher la main de l'homme.

Viděl zbité psy a přesto olizovali muži ruku.

Il a vu un chien qui refusait d'obéir ou de se soumettre du tout.

Viděl jednoho psa, který vůbec neposlouchal ani se nepodřizoval.

Ce chien s'est battu jusqu'à ce qu'il soit tué dans la bataille pour le contrôle.

Ten pes bojoval, dokud nebyl zabit v bitvě o kontrolu.

Des étrangers venaient parfois voir l'homme au pull rouge.

Za mužem v červeném svetru občas chodili cizí lidé.

Ils parlaient sur un ton étrange, suppliant, marchandant et riant.

Mluvili podivnými tóny, prosili, smlouvali a smáli se.

Lors de l'échange d'argent, ils partaient avec un ou plusieurs chiens.

Když se vyměňovaly peníze, odcházeli s jedním nebo více psy.

Buck se demandait où étaient passés ces chiens, car aucun n'était jamais revenu.

Buck se divil, kam se ti psi poděli, protože se žádný z nich už nikdy nevrátil.

la peur de l'inconnu envahissait Buck chaque fois qu'un homme étrange venait

Strach z neznáma naplňoval Bucka pokaždé, když přišel cizí muž

il était content à chaque fois qu'un autre chien était pris, plutôt que lui-même.

Pokaždé byl rád, když si vzali dalšího psa, ne jeho samotného.

Mais finalement, le tour de Buck arriva avec l'arrivée d'un homme étrange.

Ale konečně přišla řada na Bucka s příchodem podivného muže.

Il était petit, nerveux, parlait un anglais approximatif et jurait.

Byl malý, šlachovitý a mluvil lámanou angličtinou a nadával.

« Sacré-Dam ! » hurla-t-il en posant les yeux sur le corps de Buck.

„Sacredam!" vykřikl, když spatřil Buckovu postavu.

« C'est un sacré chien tyrannique ! Hein ? Combien ? » demanda-t-il à voix haute.

„To je ale zatracenej tyran! Cože? Kolik to stojí?" zeptal se nahlas.

« Trois cents, et c'est un cadeau à ce prix-là. »

„Tři sta, a za tu cenu je to dárek."

« Puisque c'est de l'argent du gouvernement, tu ne devrais pas te plaindre, Perrault. »

„Jelikož jsou to vládní peníze, neměl byste si stěžovat, Perraulte."

Perrault sourit à l'idée de l'accord qu'il venait de conclure avec cet homme.

Perrault se ušklíbl nad dohodou, kterou s tím mužem právě uzavřel.

Le prix des chiens a grimpé en flèche en raison de la demande soudaine.

Cena psů prudce vzrostla kvůli náhlé poptávce.

Trois cents dollars, ce n'était pas injuste pour une si belle bête.

Tři sta dolarů nebylo nefér za tak skvělé zvíře.

Le gouvernement canadien ne perdrait rien dans cet accord

Kanadská vláda by na dohodě nic neztratila

Leurs dépêches officielles ne seraient pas non plus retardées en transit.

Ani jejich oficiální zásilky by se nezpozdily během přepravy.

Perrault connaissait bien les chiens et pouvait voir que Buck était quelque chose de rare.

Perrault znal psy dobře a viděl, že Buck je něco vzácného.

« Un sur dix dix mille », pensa-t-il en étudiant la silhouette de Buck.

„Jeden z deseti deseti tisíc," pomyslel si, když si prohlížel Buckovu postavu.

Buck a vu l'argent changer de mains, mais n'a montré aucune surprise.

Buck viděl, jak peníze mění majitele, ale nedal najevo žádné překvapení.

Bientôt, lui et Curly, un gentil Terre-Neuve, furent emmenés.

Brzy byli on a Kudrnatý, mírný novofundlanďan, odvedeni pryč.

Ils suivirent le petit homme depuis la cour du pull rouge.

Sledovali malého mužíčka ze dvora rudého svetru.

Ce fut la dernière fois que Buck vit l'homme avec la massue en bois.

To bylo naposledy, co Buck viděl muže s dřevěnou palicí.

Depuis le pont du Narval, il regardait Seattle disparaître au loin.

Z paluby Narvala sledoval, jak Seattle mizí v dálce.

C'était aussi la dernière fois qu'il voyait le chaud Southland.

Bylo to také naposledy, co kdy viděl teplý Jih.

Perrault les emmena sous le pont et les laissa à François.

Perrault je vzal do podpalubí a nechal je s Françoisem.

François était un géant au visage noir, aux mains rugueuses et calleuses.

François byl obr s černou tváří a drsnýma, mozolnatýma rukama.

Il était brun et basané; un métis franco-canadien.

Byl tmavý a snědý; míšenec Francouzsko-kanaďanského původu.

Pour Buck, ces hommes étaient d'un genre qu'il n'avait jamais vu auparavant.

Buckovi připadali tito muži jako muži, jaké ještě nikdy předtím neviděl.

Il allait connaître beaucoup d'autres hommes de ce genre dans les jours qui suivirent.

V nadcházejících dnech se s mnoha takovými muži setká.

Il ne s'est pas attaché à eux, mais il a appris à les respecter.

Nezískal k nim sice náklonnost, ale začal si jich vážit.

Ils étaient justes et sages, et ne se laissaient pas facilement tromper par un chien.

Byli spravedliví a moudří a žádný pes je nenechal snadno oklamat.

Ils jugeaient les chiens avec calme et ne les punissaient que lorsqu'ils le méritaient.

Psy posuzovali klidně a trestali jen tehdy, když si to zasloužili.

Sur le pont inférieur du Narwhal, Buck et Curly ont rencontré deux chiens.

V podpalubí Narvala potkali Buck a Kudrnatý dva psy.

L'un d'eux était un grand chien blanc venu du lointain et glacial Spitzberg.

Jeden byl velký bílý pes z dalekých, ledových Špicberk.

Il avait autrefois navigué avec un baleinier et rejoint un groupe d'enquête.

Kdysi se plavil s velrybářskou lodí a připojil se k průzkumné skupině.

Il était amical d'une manière sournoise, sournoise et rusée.

Byl přátelský, lstivým, zákeřným a lstivým způsobem.

Lors de leur premier repas, il a volé un morceau de viande dans la poêle de Buck.

Při jejich prvním jídle ukradl Buckovi z pánve kus masa.

Buck sauta pour le punir, mais le fouet de François frappa en premier.

Buck skočil, aby ho potrestal, ale Françoisův bič udeřil první.

Le voleur blanc hurla et Buck récupéra l'os volé.

Bílý zloděj vykřikl a Buck si vzal zpět ukradenou kost.

Cette équité impressionna Buck, et François gagna son respect.

Tato spravedlivost na Bucka zapůsobila a François si jeho respekt vysloužil.

L'autre chien ne lui a pas adressé de salut et n'en a pas voulu en retour.

Druhý pes nepozdravil a ani ho na oplátku nechtěl.

Il ne volait pas de nourriture et ne reniflait pas les nouveaux arrivants avec intérêt.

Nekradl jídlo ani se zájmem nečichal k nově příchozím.

Ce chien était sinistre et calme, sombre et lent.

Tento pes byl zachmuřený a tichý, pochmurný a pomalu se pohybující.

Il a averti Curly de rester à l'écart en la regardant simplement.

Varoval Kudrnatý, aby se držela dál, tím, že se na ni zamračil.

Son message était clair : laissez-moi tranquille ou il y aura des problèmes.

Jeho poselství bylo jasné: nechte mě být, nebo budou problémy.

Il s'appelait Dave et il remarquait à peine son environnement.

Jmenoval se Dave a sotva si všímal svého okolí.

Il dormait souvent, mangeait tranquillement et bâillait de temps en temps.

Často spal, tiše jedl a občas zívl.

Le navire ronronnait constamment avec le battement de l'hélice en dessous.

Loď neustále hučela a dole ji tloukla vrtule.

Les jours passèrent sans grand changement, mais le temps devint plus froid.

Dny plynuly s malými změnami, ale počasí se ochladilo.

Buck pouvait le sentir dans ses os et remarqua que les autres le faisaient aussi.

Buck to cítil až v kostech a všiml si, že i ostatní.

Puis un matin, l'hélice s'est arrêtée et tout est redevenu calme.

Pak se jednoho rána vrtule zastavila a všechno utichlo.

Une énergie parcourut le vaisseau ; quelque chose avait changé.

Lodí projela energie; něco se změnilo.

François est descendu, les a attachés en laisse et les a remontés.

François sestoupil dolů, připnul je na vodítka a vyvedl je nahoru.

Buck sortit et trouva le sol doux, blanc et froid.

Buck vyšel ven a zjistil, že země je měkká, bílá a studená.

Il sursauta en arrière, alarmé, et renifla, totalement confus.

Vyděšeně uskočil a zmateně si odfrkl.

Une étrange substance blanche tombait du ciel gris.

Z šedé oblohy padala podivná bílá hmota.

Il se secoua, mais les flocons blancs continuaient à atterrir sur lui.

Zatřásl se, ale bílé vločky na něj stále dopadaly.

Il renifla soigneusement la substance blanche et lécha quelques morceaux glacés.

Opatrně si přičichl k bílé hmotě a olízl pár ledových kousků.

La poudre brûla comme du feu, puis disparut de sa langue.

Prášek pálil jako oheň a pak mu z jazyka zmizel.

Buck essaya à nouveau, intrigué par l'étrange froideur qui disparaissait.

Buck to zkusil znovu, zmatený podivným mizejícím chladem.

Les hommes autour de lui rirent et Buck se sentit gêné.

Muži kolem něj se zasmáli a Buck se cítil trapně.

Il ne savait pas pourquoi, mais il avait honte de sa réaction.

Nevěděl proč, ale styděl se za svou reakci.

C'était sa première expérience avec la neige, et cela le
dérouta.
Byla to jeho první zkušenost se sněhem a to ho zmátlo.

La loi du gourdin et des crocs
Zákon kyje a tesáku

**Le premier jour de Buck sur la plage de Dyea ressemblait à
un terrible cauchemar.**
Buckův první den na pláži Dyea se zdál jako hrozná noční
můra.
**Chaque heure apportait de nouveaux chocs et des
changements inattendus pour Buck.**
Každá hodina přinášela Buckovi nové šoky a nečekané změny.
**Il avait été arraché à la civilisation et jeté dans un chaos
sauvage.**
Byl vytržen z civilizace a vržen do divokého chaosu.
**Ce n'était pas une vie ensoleillée et paresseuse, faite d'ennui
et de repos.**
Tohle nebyl žádný slunečný, lenivý život plný nudy a
odpočinku.
**Il n'y avait pas de paix, pas de repos, et pas un instant sans
danger.**
Nebyl žádný klid, žádný odpočinek a žádná chvíle bez
nebezpečí.
**La confusion régnait sur tout et le danger était toujours
proche.**
Všemu vládl zmatek a nebezpečí bylo neustále nablízku.
**Buck devait rester vigilant car ces hommes et ces chiens
étaient différents.**
Buck musel zůstat ve střehu, protože tihle muži a psi byli jiní.
**Ils n'étaient pas originaires des villes ; ils étaient sauvages et
sans pitié.**
Nebyli z měst; byli divocí a nemilosrdní.

Ces hommes et ces chiens ne connaissaient que la loi du gourdin et des crocs.

Tito muži a psi znali jen zákon kyje a tesáku.

Buck n'avait jamais vu de chiens se battre comme ces huskies sauvages.

Buck nikdy neviděl psy prat se tak divokými husky.

Sa première expérience lui a appris une leçon qu'il n'oublierait jamais.

Jeho první zkušenost mu dala lekci, na kterou nikdy nezapomene.

Il a eu de la chance que ce ne soit pas lui, sinon il serait mort aussi.

Měl štěstí, že to nebyl on, jinak by taky zemřel.

Curly était celui qui souffrait tandis que Buck regardait et apprenait.

Kudrnatý byl ten, kdo trpěl, zatímco Buck se díval a učil.

Ils avaient installé leur campement près d'un magasin construit en rondins.

Utábořili se poblíž skladu postaveného z klád.

Curly a essayé d'être amical avec un grand husky ressemblant à un loup.

Kudrnatý se snažil být přátelský k velkému, vlkovi podobnému huskymu.

Le husky était plus petit que Curly, mais avait l'air sauvage et méchant.

Husky byl menší než Kudrnatý, ale vypadal divoce a zle.

Sans prévenir, il a sauté et lui a ouvert le visage.

Bez varování skočil a rozřízl jí obličej.

Ses dents lui coupèrent l'œil jusqu'à sa mâchoire en un seul mouvement.

Jeho zuby jí jedním pohybem prořízly od oka až k čelisti.

C'est ainsi que les loups se battaient : ils frappaient vite et sautaient loin.

Takhle vlci bojovali – rychle udeřili a odskočili.

Mais il y avait plus à apprendre que de cette seule attaque.

Ale z toho jednoho útoku se dalo poučit víc.

Des dizaines de huskies se sont précipités et ont formé un cercle silencieux.

Desítky huskyů se vřítily dovnitř a vytvořily tichý kruh.

Ils regardaient attentivement et se léchaient les lèvres avec faim.

Pozorně se dívali a hladem si olizovali rty.

Buck ne comprenait pas leur silence ni leurs regards avides.

Buck nechápal jejich mlčení ani jejich dychtivé oči.

Curly s'est précipité pour attaquer le husky une deuxième fois.

Kudrnatý se vrhl na huskyho podruhé, aby ho napadl.

Il a utilisé sa poitrine pour la renverser avec un mouvement puissant.

Silným pohybem hrudníku ji srazil k zemi.

Elle est tombée sur le côté et n'a pas pu se relever.

Spadla na bok a nemohla se znovu zvednout.

C'est ce que les autres attendaient depuis le début.

Na to ostatní celou dobu čekali.

Les huskies ont sauté sur elle, hurlant et grognant avec frénésie.

Huskyové na ni skočili, štěkali a vrčeli v zuřivosti.

Elle a crié alors qu'ils l'enterraient sous un tas de chiens.

Křičela, když ji pohřbili pod hromadou psů.

L'attaque fut si rapide que Buck resta figé sur place sous le choc.

Útok byl tak rychlý, že Buck šokem ztuhl na místě.

Il vit Spitz tirer la langue d'une manière qui ressemblait à un rire.

Viděl, jak Spitz vyplazuje jazyk způsobem, který vypadal jako smích.

François a attrapé une hache et a couru droit vers le groupe de chiens.

François popadl sekeru a vběhl přímo do skupiny psů.

Trois autres hommes ont utilisé des gourdins pour aider à repousser les huskies.

Tři další muži používali obušky, aby odháněli huskyje.

En seulement deux minutes, le combat était terminé et les chiens avaient disparu.

Za pouhé dvě minuty byl boj u konce a psi byli pryč.

Curly gisait morte dans la neige rouge et piétinée, son corps déchiré.

Kudrnatý ležela mrtvá v červeném, ušlapaném sněhu, tělo roztrhané na kusy.

Un homme à la peau sombre se tenait au-dessus d'elle, maudissant la scène brutale.

Nad ní stál tmavovlasý muž a proklínal tu brutální scénu.

Le souvenir est resté avec Buck et a hanté ses rêves la nuit.

Vzpomínka Bucka zůstala v paměti a v noci ho pronásledovala ve snech.

C'était comme ça ici : pas d'équité, pas de seconde chance.

Tak to tady platilo; žádná spravedlnost, žádná druhá šance.

Une fois qu'un chien tombait, les autres le tuaient sans pitié.

Jakmile pes spadl, ostatní ho bez milosti zabili.

Buck décida alors qu'il ne se permettrait jamais de tomber.

Buck se tehdy rozhodl, že si nikdy nedovolí spadnout.

Spitz tira à nouveau la langue et rit du sang.

Spitz znovu vyplazil jazyk a zasmál se krvi.

À partir de ce moment-là, Buck détesta Spitz de tout son cœur.

Od té chvíle Buck Spitze nenáviděl celým svým srdcem.

Avant que Buck ne puisse se remettre de la mort de Curly, quelque chose de nouveau s'est produit.

Než se Buck stačil vzpamatovat z Kudrnatýho smrti, stalo se něco nového.

François s'est approché et a attaché quelque chose autour du corps de Buck.

François přišel a něco Buckovi přivázal kolem těla.

C'était un harnais comme ceux utilisés sur les chevaux du ranch.

Byl to postroj, jaký se používá na koních na ranči.

Comme Buck avait vu les chevaux travailler, il devait maintenant travailler aussi.

Stejně jako Buck viděl koně pracovat, teď musel pracovat i on.

Il a dû tirer François sur un traîneau dans la forêt voisine.

Musel Françoise odtáhnout na saních do nedalekého lesa.

Il a ensuite dû ramener une lourde charge de bois de chauffage.

Pak musel odtáhnout náklad těžkého palného dřeva.

Buck était fier, donc cela lui faisait mal d'être traité comme un animal de travail.

Buck byl pyšný, takže ho bolelo, když se s ním zacházelo jako s pracovním zvířetem.

Mais il était sage et n'a pas essayé de lutter contre la nouvelle situation.

Ale byl moudrý a nesnažil se s novou situací bojovat.

Il a accepté sa nouvelle vie et a donné le meilleur de lui-même dans chaque tâche.

Přijal svůj nový život a v každém úkolu vydal ze sebe maximum.

Tout ce qui concernait ce travail lui était étrange et inconnu.

Všechno na té práci mu bylo zvláštní a neznámé.

François était strict et exigeait l'obéissance sans délai.

François byl přísný a vyžadoval poslušnost bez prodlení.

Son fouet garantissait que chaque ordre soit exécuté immédiatement.

Jeho bič zajistil, aby byl každý povel splněn najednou.

Dave était le conducteur du traîneau, le chien le plus proche du traîneau derrière Buck.

Dave byl ten, kdo jezdil po saních, pes byl nejblíže za Buckem.

Dave mordait Buck sur les pattes arrière s'il faisait une erreur.

Dave kousl Bucka do zadních nohou, když udělal chybu.

Spitz était le chien de tête, compétent et expérimenté dans ce rôle.

Špic byl vedoucím psem, v této roli zručný a zkušený.

Spitz ne pouvait pas atteindre Buck facilement, mais il le corrigea quand même.

Spitz se k Buckovi nemohl snadno dostat, ale přesto ho opravil.

Il grognait durement ou tirait le traîneau d'une manière qui enseignait à Buck.

Drsně vrčel nebo táhl saně způsobem, který Bucka učil.

Grâce à cette formation, Buck a appris plus vite que ce qu'ils avaient imaginé.

Díky tomuto výcviku se Buck učil rychleji, než kdokoli z nich očekával.

Il a travaillé dur et a appris de François et des autres chiens.

Tvrdě pracoval a učil se jak od Françoise, tak od ostatních psů.

À leur retour, Buck connaissait déjà les commandes clés.

Než se vrátili, Buck už znal klíčové povely.

Il a appris à s'arrêter au son « ho » de François.

Naučil se zastavit při zvuku „hó" od Françoise.

Il a appris quand il a dû tirer le traîneau et courir.

Naučil se, kdy musí táhnout sáně a běžet.

Il a appris à tourner largement dans les virages du sentier sans difficulté.

Naučil se bez problémů zatáčet v zatáčkách.

Il a également appris à éviter Dave lorsque le traîneau descendait rapidement.

Také se naučil vyhýbat Daveovi, když sáně jely rychle z kopce.

« Ce sont de très bons chiens », dit fièrement François à Perrault.

„Jsou to moc dobří psi," řekl François hrdě Perraultovi.

« Ce Buck tire comme un dingue, je lui apprends vite fait. »

„Ten Buck táhne jako čert – učím ho to nejrychleji."

Plus tard dans la journée, Perrault est revenu avec deux autres chiens husky.

Později téhož dne se Perrault vrátil s dalšími dvěma husky.

Ils s'appelaient Billee et Joe, et ils étaient frères.

Jmenovali se Billee a Joe a byli to bratři.

Ils venaient de la même mère, mais ne se ressemblaient pas du tout.

Pocházeli od stejné matky, ale vůbec si nebyli podobní.

Billee était de nature douce et très amicale avec tout le monde.

Billee byla dobrosrdečná a ke všem až příliš přátelská.

Joe était tout le contraire : calme, en colère et toujours en train de grogner.

Joe byl pravý opak – tichý, rozzlobený a neustále vrčící.

Buck les a accueillis de manière amicale et s'est montré calme avec eux deux.

Buck je přátelsky pozdravil a choval se k oběma klidně.

Dave ne leur prêta aucune attention et resta silencieux comme d'habitude.

Dave si jich nevšímal a jako obvykle mlčel.

Spitz a attaqué d'abord Billee, puis Joe, pour montrer sa domination.

Spitz zaútočil nejprve na Billeeho a poté na Joea, aby ukázal svou dominanci.

Billee remua la queue et essaya d'être amical avec Spitz.

Billee vrtěl ocasem a snažil se být ke Spitzovi přátelský.

Lorsque cela n'a pas fonctionné, il a essayé de s'enfuir à la place.

Když to nezabralo, zkusil raději utéct.

Il a pleuré tristement lorsque Spitz l'a mordu fort sur le côté.

Smutně se rozplakal, když ho Spitz silně kousl do boku.

Mais Joe était très différent et refusait d'être intimidé.

Ale Joe byl úplně jiný a odmítl se nechat šikanovat.

Chaque fois que Spitz s'approchait, Joe se retournait pour lui faire face rapidement.

Pokaždé, když se Spitz přiblížil, Joe se k němu rychle otočil čelem.

Sa fourrure se hérissa, ses lèvres se retroussèrent et ses dents claquèrent sauvagement.

Srst se mu ježila, rty se mu zkřivily a zuby divoce cvakaly.

Les yeux de Joe brillaient de peur et de rage, défiant Spitz de frapper.

Joeovy oči se leskly strachem a vztekem a vyzývaly Spitze k úderu.

Spitz abandonna le combat et se détourna, humilié et en colère.

Spitz vzdal boj a odvrátil se, ponížený a rozzlobený.

Il a déversé sa frustration sur le pauvre Billee et l'a chassé.

Vybil si svou frustraci na chudákovi Billeem a zahnal ho pryč.

Ce soir-là, Perrault ajouta un chien de plus à l'équipe.

Toho večera Perrault přidal do týmu dalšího psa.

Ce chien était vieux, maigre et couvert de cicatrices de guerre.

Tento pes byl starý, hubený a pokrytý jizvami z bitev.

L'un de ses yeux manquait, mais l'autre brillait de puissance.

Jedno jeho oko chybělo, ale druhé zářilo silou.

Le nom du nouveau chien était Solleks, ce qui signifiait « celui qui est en colère ».

Nový pes se jmenoval Solleks, což znamenalo Rozzlobený.

Comme Dave, Solleks ne demandait rien aux autres et ne donnait rien en retour.

Stejně jako Dave, ani Solleks od ostatních nic nežádal a nic jim ani nedával.

Lorsque Solleks entra lentement dans le camp, même Spitz resta à l'écart.

Když Solleks pomalu vešel do tábora, i Spitz se držel stranou.

Il avait une étrange habitude que Buck a eu la malchance de découvrir.

Měl zvláštní zvyk, který Buck bohužel objevil.

Solleks détestait qu'on l'approche du côté où il était aveugle.

Solleks nesnášel, když se k němu přibližovali ze strany, kde byl slepý.

Buck ne le savait pas et a fait cette erreur par accident.

Buck to nevěděl a té chyby se dopustil omylem.

Solleks se retourna et frappa l'épaule de Buck profondément et rapidement.

Solleks se otočil a rychle a hluboce seknul Bucka do ramene.

À partir de ce moment, Buck ne s'est plus jamais approché du côté aveugle de Solleks.

Od té chvíle se Buck nikdy nepřiblížil k Solleksově slepé straně.

Ils n'ont plus jamais eu de problèmes pendant le reste de leur temps ensemble.

Po zbytek doby, co spolu strávili, už nikdy neměli problémy.

Solleks voulait seulement être laissé seul, comme le calme Dave.

Solleks chtěl jen být sám, jako tichý Dave.

Mais Buck apprendra plus tard qu'ils avaient chacun un autre objectif secret.

Buck se ale později dozvěděl, že každý z nich měl ještě jeden tajný cíl.

Cette nuit-là, Buck a dû faire face à un nouveau défi troublant : comment dormir.

Té noci čelil Buck nové a znepokojivé výzvě – jak spát.

La tente brillait chaleureusement à la lumière des bougies dans le champ enneigé.

Stan v zasněženém poli hřejivě zářil světlem svíček.

Buck entra, pensant qu'il pourrait se reposer là comme avant.

Buck vešel dovnitř a pomyslel si, že si tam může odpočinout jako předtím.

Mais Perrault et François lui criaient dessus et lui jetaient des casseroles.

Ale Perrault a François na něj křičeli a házeli po něm pánve.

Choqué et confus, Buck s'est enfui dans le froid glacial.

Šokovaný a zmatený Buck vyběhl ven do mrazivé zimy.

Un vent glacial piquait son épaule blessée et lui gelait les pattes.

Prudký vítr ho štípal do zraněného ramene a omrzl mu tlapky.

Il s'est allongé dans la neige et a essayé de dormir à la belle étoile.

Lehl si do sněhu a snažil se spát venku pod širým nebem.

Mais le froid l'obligea bientôt à se relever, tremblant terriblement.

Ale zima ho brzy donutila znovu vstát, silně se třásl.

Il erra dans le camp, essayant de trouver un endroit plus chaud.

Procházel se táborem a snažil se najít teplejší místo.

Mais chaque coin était aussi froid que le précédent.

Ale každý kout byl stejně studený jako ten předchozí.

Parfois, des chiens sauvages sautaient sur lui dans l'obscurité.

Někdy na něj ze tmy skákali divocí psi.

Buck hérissa sa fourrure, montra ses dents et grogna en signe d'avertissement.

Buck se naježil, vycenil zuby a varovně zavrčel.

Il apprenait vite et les autres chiens reculaient rapidement.

Rychle se učil a ostatní psi rychle couvali.

Il n'avait toujours pas d'endroit où dormir et ne savait pas quoi faire.

Přesto neměl kde spát a netušil, co má dělat.

Finalement, une pensée lui vint : aller voir ses coéquipiers.

Konečně ho napadlo – podívat se na své spoluhráče.

Il est retourné dans leur région et a été surpris de les trouver partis.

Vrátil se do jejich oblasti a s překvapením zjistil, že jsou pryč.

Il chercha à nouveau dans le camp, mais ne parvint toujours pas à les trouver.

Znovu prohledal tábor, ale stále je nemohl najít.

Il savait qu'ils ne pouvaient pas être dans la tente, sinon il le serait aussi.

Věděl, že nemohou být ve stanu, jinak by tam byl i on.

Alors, où étaient passés tous les chiens dans ce camp gelé ?

Tak kam se všichni psi v tomhle zamrzlém táboře poděli?

Buck, froid et misérable, tournait lentement autour de la tente.

Buck, promrzlý a nešťastný, pomalu kroužil kolem stanu.

Soudain, ses pattes avant s'enfoncèrent dans la neige molle et le surprit.

Najednou se mu přední nohy zabořily do měkkého sněhu a vylekaly ho.

Quelque chose se tortilla sous ses pieds et il sursauta en arrière, effrayé.

Něco se mu zavrtělo pod nohama a on strachy uskočil.

Il grogna et grogna, ne sachant pas ce qui se cachait sous la neige.

Vrčel a vrčel, aniž by tušil, co se skrývá pod sněhem.

Puis il entendit un petit aboiement amical qui apaisa sa peur.

Pak uslyšel přátelské tiché štěknutí, které zmírnilo jeho strach.

Il renifla l'air et s'approcha pour voir ce qui était caché.

Načechral vzduch a přiblížil se, aby viděl, co se skrývá.

Sous la neige, recroquevillée en boule chaude, se trouvait la petite Billee.

Pod sněhem, schoulená do teplé koule, ležela malá Billee.

Billee remua la queue et lécha le visage de Buck pour le saluer.

Billee zavrtěl ocasem a olízl Bucka do obličeje na pozdrav.

Buck a vu comment Billee avait fabriqué un endroit pour dormir dans la neige.

Buck viděl, jak si Billee udělala ve sněhu místo na spaní.

Il avait creusé et utilisé sa propre chaleur pour rester au chaud.

Zakopal si hluboko a používal vlastní teplo, aby se zahřál.

Buck avait appris une autre leçon : c'est ainsi que les chiens dormaient.

Buck se naučil další lekci – takhle psi spali.

Il a choisi un endroit et a commencé à creuser son propre trou dans la neige.

Vybral si místo a začal si kopat díru ve sněhu.

Au début, il bougeait trop et gaspillait de l'énergie.

Zpočátku se příliš mnoho pohyboval a plýtval energií.

Mais bientôt son corps réchauffa l'espace et il se sentit en sécurité.

Ale brzy jeho tělo prostor zahřálo a on se cítil bezpečně.

Il se recroquevilla étroitement et, peu de temps après, il s'endormit profondément.

Pevně se schoulil a zanedlouho tvrdě usnul.

La journée avait été longue et dure, et Buck était épuisé.

Den byl dlouhý a náročný a Buck byl vyčerpaný.

Il dormait profondément et confortablement, même si ses rêves étaient fous.

Spal hluboce a pohodlně, i když jeho sny byly divoké.

Il grognait et aboyait dans son sommeil, se tordant pendant qu'il rêvait.

Vrčel a štěkal ve spánku a při snění se kroutil.

Buck ne s'est réveillé que lorsque le camp était déjà en train de prendre vie.

Buck se neprobudil, dokud se tábor už nezačal probouzet k životu.

Au début, il ne savait pas où il était ni ce qui s'était passé.

Zpočátku nevěděl, kde je nebo co se stalo.

La neige était tombée pendant la nuit et avait complètement enseveli son corps.

Přes noc napadl sníh a jeho tělo bylo zcela pohřbeno.

La neige se pressait autour de lui, serrée de tous côtés.

Sníh ho tlačil, těsně přiléhal ze všech stran.

Soudain, une vague de peur traversa tout le corps de Buck.

Najednou Buckovým tělem projela vlna strachu.

C'était la peur d'être piégé, une peur venue d'instincts profonds.

Byl to strach z uvěznění, strach pramenící z hlubokých instinktů.

Bien qu'il n'ait jamais vu de piège, la peur vivait en lui.

Ačkoli nikdy neviděl past, strach v něm žil.

C'était un chien apprivoisé, mais maintenant ses vieux instincts sauvages se réveillaient.

Byl to krotký pes, ale teď se v něm probouzely staré divoké instinkty.

Les muscles de Buck se tendirent et sa fourrure se dressa sur tout son dos.

Buckovi se napjaly svaly a srst se mu zježila po celých zádech.

Il grogna férocement et bondit droit dans la neige.

Zuřivě zavrčel a vyskočil přímo do sněhu.

La neige volait dans toutes les directions alors qu'il faisait irruption dans la lumière du jour.

Sníh létal všemi směry, když vtrhl do denního světla.

Avant même d'atterrir, Buck vit le camp s'étendre devant lui.

Ještě před přistáním Buck uviděl tábor rozprostírající se před sebou.

Il se souvenait de tout ce qui s'était passé la veille, d'un seul coup.

Vzpomněl si na všechno z předchozího dne, najednou.

Il se souvenait d'avoir flâné avec Manuel et d'avoir fini à cet endroit.

Vzpomněl si, jak se procházel s Manuelem a jak nakonec skončil na tomto místě.

Il se souvenait avoir creusé le trou et s'être endormi dans le froid.

Vzpomněl si, jak vykopal díru a usnul v chladu.

Maintenant, il était réveillé et le monde sauvage qui l'entourait était clair.

Teď byl vzhůru a divoký svět kolem něj byl jasný.

Un cri de François salua l'apparition soudaine de Buck.

Françoisův výkřik oslavil Buckův náhlý příchod.

« Qu'est-ce que j'ai dit ? » cria le conducteur du chien à Perrault.

„Co jsem říkal?" křičel hlasitě na Perraulta psí doprovod.

« Ce Buck apprend vraiment très vite », a ajouté François.

„Ten Buck se učí fakt rychle," dodal François.

Perrault hocha gravement la tête, visiblement satisfait du résultat.

Perrault vážně přikývl, zjevně spokojený s výsledkem.

En tant que courrier pour le gouvernement canadien, il transportait des dépêches.

Jako kurýr kanadské vlády nosil depeše.

Il était impatient de trouver les meilleurs chiens pour son importante mission.

Dychtil po nalezení těch nejlepších psů pro svou důležitou misi.

Il se sentait particulièrement heureux maintenant que Buck faisait partie de l'équipe.

Obzvláště ho těšilo, že Buck byl teď součástí týmu.

Trois autres huskies ont été ajoutés à l'équipe en une heure.

Během hodiny byli do týmu přidáni další tři huskyové.

Cela porte le nombre total de chiens dans l'équipe à neuf.

Tím se celkový počet psů v týmu zvýšil na devět.

En quinze minutes, tous les chiens étaient dans leurs harnais.

Během patnácti minut byli všichni psi v postrojích.

L'équipe de traîneaux remontait le sentier en direction du canyon de Dyea.

Sáňkařské spřežení se vydávalo po stezce směrem k Dyea Cañon.

Buck était heureux de partir, même si le travail à venir était difficile.

Buck byl rád, že odchází, i když ho čekala těžká práce.

Il s'est rendu compte qu'il ne détestait pas particulièrement le travail ou le froid.

Zjistil, že práci ani zimu nijak zvlášť nenávidí.

Il a été surpris par l'empressement qui a rempli toute l'équipe.

Překvapilo ho nadšení, které naplnilo celý tým.

Encore plus surprenant fut le changement qui s'était produit chez Dave et Solleks.

Ještě překvapivější byla změna, která se stala s Davem a Solleksem.

Ces deux chiens étaient complètement différents lorsqu'ils étaient attelés.

Tito dva psi byli v době, kdy byli zapřaženi, úplně odlišní.

Leur passivité et leur manque d'intérêt avaient complètement disparu.

Jejich pasivita a nezájem zcela zmizely.

Ils étaient alertes et actifs, et désireux de bien faire leur travail.

Byli bdělí, aktivní a dychtiví dobře vykonávat svou práci.

Ils s'irritaient violemment à tout ce qui pouvait provoquer un retard ou une confusion.

Zuřivě je podráždilo cokoli, co způsobovalo zpoždění nebo zmatek.

Le travail acharné sur les rênes était le centre de tout leur être.

Tvrdá práce s otěžemi byla středem celé jejich bytosti.

Tirer un traîneau semblait être la seule chose qu'ils appréciaient vraiment.

Zdálo se, že tahání saní je jediná věc, která je doopravdy bavila.

Dave était à l'arrière du groupe, le plus proche du traîneau lui-même.

Dave byl vzadu ve skupině, nejblíže k samotným saním.

Buck a été placé devant Dave, et Solleks a dépassé Buck.

Buck se umístil před Davea a Solleks se hnal před Bucka.

Le reste des chiens était aligné devant eux en file indienne.

Zbytek psů byl natažen vpředu v řadě za sebou.

La position de tête à l'avant était occupée par Spitz.

Vedoucí pozici vpředu obsadil Spitz.

Buck avait été placé entre Dave et Solleks pour l'instruction.

Bucka umístili mezi Davea a Solleksa kvůli instrukcím.

Il apprenait vite et ils étaient des professeurs fermes et compétents.

Učil se rychle a oni byli důrazní a schopní učitelé.

Ils n'ont jamais permis à Buck de rester longtemps dans l'erreur.

Nikdy nedovolili Buckovi zůstat v omylu dlouho.

Ils ont enseigné leurs leçons avec des dents acérées quand c'était nécessaire.

V případě potřeby učili své lekce s ostrými zuby.

Dave était juste et faisait preuve d'une sagesse calme et sérieuse.

Dave byl spravedlivý a projevoval tichý, vážný druh moudrosti.

Il n'a jamais mordu Buck sans une bonne raison de le faire.

Nikdy nekousal Bucka bez dobrého důvodu.

Mais il n'a jamais manqué de mordre lorsque Buck avait besoin d'être corrigé.

Ale nikdy nezapomněl kousnout, když Buck potřeboval napravit.

Le fouet de François était toujours prêt et soutenait leur autorité.

Françoisův bič byl vždy připravený a podporoval jejich autoritu.

Buck a vite compris qu'il valait mieux obéir que riposter.

Buck brzy zjistil, že je lepší poslechnout, než se bránit.

Un jour, lors d'un court repos, Buck s'est emmêlé dans les rênes.

Jednou, během krátkého odpočinku, se Buck zamotal do otěží.

Il a retardé le départ et a perturbé le mouvement de l'équipe.

Zdržel start a zmátl pohyb týmu.

Dave et Solleks se sont jetés sur lui et lui ont donné une raclée.

Dave a Solleks se na něj vrhli a drsně ho zmlátili.

L'enchevêtrement n'a fait qu'empirer, mais Buck a bien appris sa leçon.

Spleť se jen zhoršovala, ale Buck se z toho dobře poučil.

Dès lors, il garda les rênes tendues et travailla avec soin.

Od té chvíle držel otěže napnuté a pracoval opatrně.

Avant la fin de la journée, Buck avait maîtrisé une grande partie de sa tâche.

Než den skončil, Buck zvládl většinu svého úkolu.

Ses coéquipiers ont presque arrêté de le corriger ou de le mordre.

Jeho spoluhráči ho téměř přestali opravovat nebo kousat.

Le fouet de François claquait de moins en moins souvent dans l'air.

Françoisův bič praskal vzduchem čím dál méně často.

Perrault a même soulevé les pieds de Buck et a soigneusement examiné chaque patte.

Perrault dokonce zvedl Buckovy nohy a pečlivě prozkoumal každou tlapku.

Cela avait été une journée de course difficile, longue et épuisante pour eux tous.

Byl to pro ně všechny náročný den běhu, dlouhý a vyčerpávající.

Ils remontèrent le Cañon, traversèrent Sheep Camp et passèrent devant les Scales.

Cestovali nahoru po kaňonu, přes Ovčí tábor a kolem Váh.

Ils ont traversé la limite des forêts, puis des glaciers et des congères de plusieurs mètres de profondeur.
Překročili hranici lesa, pak ledovce a sněhové závěje hluboké mnoho stop.
Ils ont escaladé la grande et froide chaîne de montagnes Chilkoot Divide.
Vyšplhali se na velký chladný a nehostinný Chilkootský průliv.
Cette haute crête se dressait entre l'eau salée et l'intérieur gelé.
Ten vysoký hřeben stál mezi slanou vodou a zamrzlým vnitrozemím.
Les montagnes protégeaient le Nord triste et solitaire avec de la glace et des montées abruptes.
Hory střežily smutný a osamělý Sever ledem a strmými stoupáními.
Ils ont parcouru à bon rythme une longue chaîne de lacs en aval de la ligne de partage des eaux.
Zvládli to dobře po dlouhém řetězci jezer pod rozvodím.
Ces lacs remplissaient les anciens cratères de volcans éteints.
Tato jezera vyplňovala starověké krátery vyhaslých sopek.
Tard dans la nuit, ils atteignirent un grand camp au bord du lac Bennett.
Pozdě v noci dorazili do velkého tábora u jezera Bennett.
Des milliers de chercheurs d'or étaient là, construisant des bateaux pour le printemps.
Byly tam tisíce hledačů zlata a stavěli lodě na jaro.
La glace allait bientôt se briser et ils devaient être prêts.
Led se měl brzy protrhnout a oni museli být připraveni.
Buck creusa son trou dans la neige et tomba dans un profond sommeil.
Buck si vykopal díru ve sněhu a hluboce usnul.
Il dormait comme un ouvrier, épuisé par une dure journée de travail.
Spal jako pracující člověk, vyčerpaný z těžkého dne dřiny.
Mais trop tôt dans l'obscurité, il fut tiré de son sommeil.
Ale příliš brzy ve tmě byl vytržen ze spánku.

Il fut à nouveau attelé avec ses compagnons et attaché au traîneau.

Znovu ho zapřáhli se svými druhy a připojili k saním.

Ce jour-là, ils ont parcouru quarante milles, car la neige était bien battue.

Toho dne ušli šedesát mil, protože sníh byl dobře ušlapaný.

Le lendemain, et pendant plusieurs jours après, la neige était molle.

Následující den a ještě mnoho dní poté byl sníh měkký.

Ils ont dû faire le chemin eux-mêmes, en travaillant plus dur et en avançant plus lentement.

Museli si cestu vydláždit sami, usilovněji pracovali a pohybovali se pomaleji.

Habituellement, Perrault marchait devant l'équipe avec des raquettes palmées.

Perrault obvykle kráčel před týmem na sněžnicích s plovacími blánami.

Ses pas ont compacté la neige, facilitant ainsi le déplacement du traîneau.

Jeho kroky udupaly sníh, a tak saním usnadnil pohyb.

François, qui dirigeait depuis le mât, prenait parfois le relais.

François, který kormidloval od souřadnicové tyče, někdy přebíral velení.

Mais il était rare que François prenne les devants

Ale jen zřídka se François ujal vedení

parce que Perrault était pressé de livrer les lettres et les colis.

protože Perrault spěchal s doručením dopisů a balíků.

Perrault était fier de sa connaissance de la neige, et surtout de la glace.

Perrault byl hrdý na své znalosti sněhu, a zejména ledu.

Cette connaissance était essentielle, car la glace d'automne était dangereusement mince.

Tato znalost byla nezbytná, protože podzimní led byl nebezpečně tenký.

Là où l'eau coulait rapidement sous la surface, il n'y avait pas du tout de glace.

Tam, kde voda pod hladinou rychle proudila, nebyl vůbec žádný led.

Jour après jour, la même routine se répétait sans fin.
Den za dnem se ta samá rutina opakovala bez konce.
Buck travaillait sans relâche sur les rênes, de l'aube jusqu'à la nuit.
Buck se od úsvitu do večera nekonečně dřel v otěžích.
Ils quittèrent le camp dans l'obscurité, bien avant le lever du soleil.
Tábor opustili za tmy, dlouho před východem slunce.
Au moment où le jour se leva, ils avaient déjà parcouru de nombreux kilomètres.
Než se rozednilo, měli už za sebou mnoho kilometrů.
Ils ont installé leur campement après la tombée de la nuit, mangeant du poisson et creusant dans la neige.
Tábor si postavili po setmění, jedli ryby a zahrabávali se do sněhu.
Buck avait toujours faim et n'était jamais vraiment satisfait de sa ration.
Buck měl pořád hlad a nikdy nebyl se svým přídělem doopravdy spokojený.
Il recevait une livre et demie de saumon séché chaque jour.
Každý den dostával půl kila sušeného lososa.
Mais la nourriture semblait disparaître en lui, laissant la faim derrière elle.
Ale jídlo v něm jako by mizelo a zanechávalo za sebou hlad.
Il souffrait constamment de la faim et rêvait de plus de nourriture.
Trpěl neustálým hladem a snil o dalším jídle.
Les autres chiens n'ont pris qu'une livre, mais ils sont restés forts.
Ostatní psi dostali jen půl kila jídla, ale zůstali silní.
Ils étaient plus petits et étaient nés dans le mode de vie du Nord.
Byli menší a narodili se do severského života.

Il perdit rapidement la méticulosité qui avait marqué son ancienne vie.

Rychle ztratil puntičkářskou puntičkářskou povahu, která charakterizovala jeho starý život.

Il avait été un mangeur délicat, mais maintenant ce n'était plus possible.

Býval laskominou, ale teď už to nebylo možné.

Ses camarades ont terminé premiers et lui ont volé sa ration inachevée.

Jeho kamarádi dojedli první a okradli ho o nedojedený příděl.

Une fois qu'ils ont commencé, il n'y avait aucun moyen de défendre sa nourriture contre eux.

Jakmile začali, nebylo možné se před nimi ubránit jeho jídlu.

Pendant qu'il combattait deux ou trois chiens, les autres volaient le reste.

Zatímco on zahnal dva nebo tři psy, ostatní ukradli zbytek.

Pour résoudre ce problème, il a commencé à manger aussi vite que les autres.

Aby to napravil, začal jíst stejně rychle jako ostatní.

La faim le poussait tellement qu'il prenait même de la nourriture qui n'était pas la sienne.

Hlad ho tak silně trápil, že si vzal i jídlo, které nebylo jeho vlastní.

Il observait les autres et apprenait rapidement de leurs actions.

Pozoroval ostatní a rychle se z jejich chování učil.

Il a vu Pike, un nouveau chien, voler une tranche de bacon à Perrault.

Viděl Pikea, nového psa, jak ukradl Perraultovi plátek slaniny.

Pike avait attendu que Perrault ait le dos tourné pour voler le bacon.

Pike počkal, až se Perrault otočí zády, aby mu mohl ukrást slaninu.

Le lendemain, Buck a copié Pike et a volé tout le morceau.

Následujícího dne Buck okopíroval Pikea a ukradl celý kus.

Un grand tumulte s'ensuivit, mais Buck ne fut pas suspecté.

Následoval velký hluk, ale Buck nebyl podezřívaný.

Dub, un chien maladroit qui se faisait toujours prendre, a été puni à la place.

Místo toho byl potrestán Dub, nemotorný pes, který se vždycky nechal chytit.

Ce premier vol a fait de Buck un chien apte à survivre dans le Nord.

Ta první krádež označila Bucka za psa schopného přežít sever.

Il a montré qu'il pouvait s'adapter à de nouvelles conditions et apprendre rapidement.

Ukázal, že se dokáže rychle přizpůsobit novým podmínkám a učit se.

Sans une telle adaptabilité, il serait mort rapidement et gravement.

Bez takové přizpůsobivosti by zemřel rychle a těžce.

Cela a également marqué l'effondrement de sa nature morale et de ses valeurs passées.

Znamenalo to také zhroucení jeho morální podstaty a minulých hodnot.

Dans le Southland, il avait vécu sous la loi de l'amour et de la bonté.

V Jihu žil podle zákona lásky a laskavosti.

Là, il était logique de respecter la propriété et les sentiments des autres chiens.

Tam dávalo smysl respektovat majetek a city ostatních psů.

Mais le Northland suivait la loi du gourdin et la loi du croc.

Ale Severní země se řídila zákonem kyje a zákonem tesáku.

Quiconque respectait les anciennes valeurs ici était stupide et échouerait.

Kdokoli zde respektoval staré hodnoty, byl hloupý a selhal by.

Buck n'a pas réfléchi à tout cela dans son esprit.

Buck si to všechno v duchu neuvažoval.

Il était en forme et s'est donc adapté sans avoir besoin de réfléchir.

Byl v kondici, a tak se přizpůsobil, aniž by musel přemýšlet.

De toute sa vie, il n'avait jamais fui un combat.

Celý svůj život se mu nikdy nepodařilo utéct před rvačkou.

Mais la massue en bois de l'homme au pull rouge a changé cette règle.

Ale dřevěná kyj muže v červeném svetru toto pravidlo změnila.

Il suivait désormais un code plus profond et plus ancien, inscrit dans son être.

Nyní se řídil hlubším, starším kódem vepsaným do jeho bytosti.

Il ne volait pas par plaisir, mais par faim.

Nekradl z potěšení, ale z bolesti z hladu.

Il n'a jamais volé ouvertement, mais il a volé avec ruse et prudence.

Nikdy otevřeně neloupil, ale kradl lstivě a opatrně.

Il a agi par respect pour la massue en bois et par peur du croc.

Jednal z úcty k dřevěné kyji a ze strachu před tesákem.

En bref, il a fait ce qui était plus facile et plus sûr que de ne pas le faire.

Zkrátka udělal to, co bylo jednodušší a bezpečnější než to neudělat.

Son développement – ou peut-être son retour à ses anciens instincts – fut rapide.

Jeho vývoj – nebo možná jeho návrat ke starým instinktům – byl rychlý.

Ses muscles se durcirent jusqu'à devenir aussi forts que du fer.

Jeho svaly ztvrdly, až se cítily pevné jako železo.

Il ne se souciait plus de la douleur, à moins qu'elle ne soit grave.

Už ho bolest netrápila, pokud nebyla vážná.

Il est devenu efficace à l'intérieur comme à l'extérieur, ne gaspillant rien du tout.

Stal se efektivním zevnitř i zvenčí, nic neplýtval.

Il pouvait manger des choses viles, pourries ou difficiles à digérer.

Mohl jíst věci, které byly odporné, shnilé nebo těžko stravitelné.

Quoi qu'il mange, son estomac utilisait jusqu'au dernier morceau de valeur.

Ať snědl cokoli, jeho žaludek spotřeboval každou poslední kousek cenné látky.

Son sang transportait les nutriments loin dans son corps puissant.

Jeho krev roznášela živiny daleko jeho silným tělem.

Cela a créé des tissus solides qui lui ont donné une endurance incroyable.

Díky tomu si vybudoval silné tkáně, které mu dodávaly neuvěřitelnou vytrvalost.

Sa vue et son odorat sont devenus beaucoup plus sensibles qu'avant.

Jeho zrak a čich se staly mnohem citlivějšími než dříve.

Son ouïe est devenue si fine qu'il pouvait détecter des sons faibles pendant son sommeil.

Jeho sluch se natolik zostřil, že dokázal ve spánku rozeznat slabé zvuky.

Il savait dans ses rêves si les sons signifiaient sécurité ou danger.

Ve snech věděl, jestli zvuky znamenají bezpečí, nebo nebezpečí.

Il a appris à mordre la glace entre ses orteils avec ses dents.

Naučil se kousat led mezi prsty na nohou zuby.

Si un point d'eau gelait, il brisait la glace avec ses jambes.

Pokud zamrzla napajedla, prolámal led nohama.

Il se cabra et frappa violemment la glace avec ses membres antérieurs raides.

Vzpjal se a ztuhlými předními končetinami silně udeřil do ledu.

Sa capacité la plus frappante était de prédire les changements de vent pendant la nuit.

Jeho nejpozoruhodnější schopností bylo předpovídat změny větru přes noc.

Même lorsque l'air était calme, il choisissait des endroits abrités du vent.

I když byl vzduch klidný, vybíral si místa chráněná před větrem.

Partout où il creusait son nid, le vent du lendemain le passait à côté de lui.

Ať už si vykopal hnízdo kdekoli, vítr druhého dne ho minul.

Il finissait toujours par se blottir et se protéger, sous le vent.

Vždycky skončil útulně a chráněně, v závětří proti větru.

Buck n'a pas seulement appris par l'expérience : son instinct est également revenu.

Buck se nejen poučil ze zkušeností – vrátily se mu i instinkty.

Les habitudes des générations domestiquées ont commencé à disparaître.

Zvyky domestikovaných generací se začaly vytrácet.

De manière vague, il se souvenait des temps anciens de sa race.

Matně si vzpomínal na dávné časy svého rodu.

Il repensa à l'époque où les chiens sauvages couraient en meute dans les forêts.

Vzpomněl si na dobu, kdy divocí psi běhali ve smečkách lesy.

Ils avaient poursuivi et tué leur proie en la poursuivant.

Pronásledovali a zabíjeli svou kořist, zatímco ji doháněli.

Il était facile pour Buck d'apprendre à se battre avec force et rapidité.

Pro Bucka bylo snadné naučit se bojovat zuby a rychlostí.

Il utilisait des coupures, des entailles et des coups rapides, tout comme ses ancêtres.

Používal řezy, seknutí a rychlé cvaknutí stejně jako jeho předkové.

Ces ancêtres se sont réveillés en lui et ont réveillé sa nature sauvage.

Ti předkové se v něm probudí a probudí jeho divokou povahu.

Leurs anciennes compétences lui avaient été transmises par le sang.

Jejich staré dovednosti na něj přešly skrze pokrevní linii.

Leurs tours étaient désormais à lui, sans besoin de pratique ni d'effort.

Jejich triky teď byly jeho, bez nutnosti cviku nebo úsilí.

Lors des nuits calmes et froides, Buck levait le nez et hurlait.
Za tichých, chladných nocí Buck zvedl čumák a zavýjel.
Il hurla longuement et profondément, comme le faisaient les loups autrefois.
Vyl dlouho a hluboce, jako to dělali vlci kdysi dávno.
À travers lui, ses ancêtres morts pointaient leur nez et hurlaient.
Skrze něj jeho mrtví předkové ukazovali nosy a vyli.
Ils ont hurlé à travers les siècles avec sa voix et sa forme.
Jeho hlasem a postavou se nesly skrz staletí vytím.
Ses cadences étaient les leurs, de vieux cris qui parlaient de chagrin et de froid.
Jeho kadence byly jejich, staré výkřiky, které vyprávěly o zármutku a zimě.
Ils chantaient l'obscurité, la faim et le sens de l'hiver.
Zpívali o temnotě, hladu a významu zimy.
Buck a prouvé que la vie est façonnée par des forces qui nous dépassent.
Buck dokázal, jak je život formován silami mimo nás samotné.
L'ancienne chanson s'éleva à travers Buck et s'empara de son âme.
Stará píseň stoupala Buckem a zmocňovala se jeho duše.
Il s'est retrouvé parce que les hommes avaient trouvé de l'or dans le Nord.
Našel se, protože muži na severu našli zlato.
Et il s'est retrouvé parce que Manuel, l'aide du jardinier, avait besoin d'argent.
A ocitl se v ní, protože Manuel, zahradníkův pomocník, potřeboval peníze.

La Bête Primordiale Dominante
Dominantní Prvotní Bestie

La bête primordiale dominante était aussi forte que jamais en Buck.

Dominantní prvotní bestie byla v Buckovi stejně silná jako vždy.

Mais la bête primordiale dominante sommeillait en lui.

Ale dominantní prvotní bestie v něm dřímala.

La vie sur le sentier était dure, mais elle renforçait la bête qui sommeillait en Buck.

Život na stezce byl drsný, ale posílil v Buckovi zvířecí nitro.

Secrètement, la bête devenait de plus en plus forte chaque jour.

Bestie tajně každým dnem sílila a sílila.

Mais cette croissance intérieure est restée cachée au monde extérieur.

Ale tento vnitřní růst zůstal skrytý před vnějším světem.

Une force primordiale, calme et tranquille, se construisait à l'intérieur de Buck.

V Buckovi se budovala tichá a klidná prvotní síla.

Une nouvelle ruse a donné à Buck l'équilibre, le calme, le contrôle et l'équilibre.

Nová lstivost dodala Buckovi rovnováhu, klidnou kontrolu a vyrovnanost.

Buck s'est concentré sur son adaptation, sans jamais se sentir complètement détendu.

Buck se usilovně soustředil na adaptaci, nikdy se necítil úplně uvolněný.

Il évitait les conflits, ne déclenchait jamais de bagarres et ne cherchait jamais les ennuis.

Vyhýbal se konfliktům, nikdy nezačínal hádky ani nevyhledával potíže.

Une réflexion lente et constante façonnait chaque mouvement de Buck.

Buckův každý pohyb formovala pomalá, vytrvalá přemýšlivost.

Il évitait les choix irréfléchis et les décisions soudaines et imprudentes.

Vyhýbal se ukvapeným rozhodnutím a náhlým, bezohledným rozhodnutím.

Bien que Buck détestait profondément Spitz, il ne lui montrait aucune agressivité.

Ačkoli Buck Spitze hluboce nenáviděl, neprojevoval vůči němu žádnou agresi.

Buck n'a jamais provoqué Spitz et a gardé ses actions contenues.

Buck Spitze nikdy neprovokoval a své jednání udržoval zdrženlivé.

Spitz, de son côté, sentait le danger grandissant chez Buck.

Spitz na druhou stranu vycítil rostoucí nebezpečí v Buckovi.

Il considérait Buck comme une menace et un sérieux défi à son pouvoir.

Bucka vnímal jako hrozbu a vážnou výzvu pro svou moc.

Il profitait de chaque occasion pour grogner et montrer ses dents acérées.

Využil každé příležitosti k zavrčení a vycenění ostrých zubů.

Il essayait de déclencher le combat mortel qui devait avoir lieu.

Snažil se zahájit smrtící boj, který musel přijít.

Au début du voyage, une bagarre a failli éclater entre eux.

Na začátku cesty mezi nimi málem vypukla rvačka.

Mais un accident inattendu a empêché le combat d'avoir lieu.

Ale nečekaná nehoda zabránila souboji.

Ce soir-là, ils installèrent leur campement sur le lac Le Barge, extrêmement froid.

Toho večera si postavili tábor na krutě chladném jezeře Le Barge.

La neige tombait fort et le vent soufflait comme un couteau.

Sníh padal hustě a vítr řezal jako nůž.

La nuit était venue trop vite et l'obscurité les entourait.

Noc přišla příliš rychle a obklopila je tma.

Ils n'auraient pas pu choisir un pire endroit pour se reposer.

Těžko si mohli vybrat horší místo pro odpočinek.

Les chiens cherchaient désespérément un endroit où se coucher.

Psi zoufale hledali místo, kde by si mohli lehnout.

Un haut mur de roche s'élevait abruptement derrière le petit groupe.

Za malou skupinou se strmě zvedala vysoká skalní stěna.

La tente avait été laissée à Dyea pour alléger la charge.

Stan byl zanechán v Dyea, aby se ulehčil náklad.

Ils n'avaient pas d'autre choix que d'allumer le feu sur la glace elle-même.

Neměli jinou možnost, než rozdělat oheň přímo na ledě.

Ils étendent leurs robes de nuit directement sur le lac gelé.

Rozprostřeli si spací róby přímo na zamrzlém jezeře.

Quelques bâtons de bois flotté leur ont donné un peu de feu.

Pár větviček naplaveného dřeva jim dodalo trochu ohně.

Mais le feu s'est allumé sur la glace et a fondu à travers elle.

Ale oheň byl rozdělán na ledu a roztál se skrz něj.

Finalement, ils mangeaient leur dîner dans l'obscurité.

Nakonec jedli večeři ve tmě.

Buck s'est recroquevillé près du rocher, à l'abri du vent froid.

Buck se schoulil vedle skály, chráněný před studeným větrem.

L'endroit était si chaud et sûr que Buck détestait déménager.

Místo bylo tak teplé a bezpečné, že se Buckovi nelíbilo odcházet.

Mais François avait réchauffé le poisson et distribuait les rations.

Ale François ohřál rybu a rozdával příděly.

Buck finit de manger rapidement et retourna dans son lit.

Buck rychle dojedl a vrátil se do postele.

Mais Spitz était maintenant allongé là où Buck avait fait son lit.

Ale Spitz teď ležel tam, kde mu Buck ustlal postel.

Un grognement sourd avertit Buck que Spitz refusait de bouger.

Tiché zavrčení varovalo Bucka, že se Spitz odmítá pohnout.

Jusqu'à présent, Buck avait évité ce combat avec Spitz.

Buck se tomuto souboji se Spitzem až doposud vyhýbal.

Mais au plus profond de Buck, la bête s'est finalement libérée.

Ale hluboko v Buckově nitru se bestie konečně uvolnila.

Le vol de son lieu de couchage était trop difficile à tolérer.

Krádež jeho spacího místa byla příliš k tolerování.

Buck se lança sur Spitz, plein de colère et de rage.

Buck se vrhl na Spitze, plný hněvu a vzteku.

Jusqu'à présent, Spitz pensait que Buck n'était qu'un gros chien.

Až donedávna si Spitz myslel, že Buck je jen velký pes.

Il ne pensait pas que Buck avait survécu grâce à son esprit.

Nemyslel si, že Buck přežil díky svému duchu.

Il s'attendait à la peur et à la lâcheté, pas à la fureur et à la vengeance.

Čekal strach a zbabělost, ne vztek a pomstu.

François regarda les deux chiens sortir du nid en ruine.

François zíral, jak oba psi vylétli ze zničeného hnízda.

Il comprit immédiatement ce qui avait déclenché cette lutte sauvage.

Okamžitě pochopil, co spustilo ten divoký boj.

« Aa-ah ! » s'écria François en soutien au chien brun.

„Ááá!" vykřikl François na podporu hnědého psa.

« Frappez-le ! Par Dieu, punissez ce voleur sournois ! »

„Dejte mu výprask! Proboha, potrestejte toho lstivého zloděje!"

Spitz a montré une volonté égale et une impatience folle de se battre.

Spitz projevoval stejnou připravenost a divokou dychtivost k boji.

Il cria de rage tout en tournant rapidement en rond, cherchant une ouverture.

Vykřikl vzteky a rychle kroužil v hledání otvoru.

Buck a montré la même soif de combat et la même prudence.

Buck projevoval stejnou touhu po boji a stejnou opatrnost.

Il a également encerclé son adversaire, essayant de prendre le dessus dans la bataille.

Také obešel svého soupeře a snažil se získat v boji převahu.

Puis quelque chose d'inattendu s'est produit et a tout changé.

Pak se stalo něco nečekaného a všechno se změnilo.

Ce moment a retardé l'éventuelle lutte pour le leadership.

Ten okamžik oddálil konečný boj o vedení.

De nombreux kilomètres de piste et de lutte attendaient encore avant la fin.

Před koncem je čekalo ještě mnoho kilometrů cesty a boje.

Perrault cria un juron tandis qu'une massue frappait un os.

Perrault zaklel, když obušek narazil do kosti.

Un cri aigu de douleur suivit, puis le chaos explosa tout autour.

Následoval ostrý bolestný výkřik a pak všude kolem explodoval chaos.

Des formes sombres se déplaçaient dans le camp ; des huskies sauvages, affamés et féroces.

V táboře se pohybovaly temné postavy; divocí huskyové, vyhladovělí a zuřiví.

Quatre ou cinq douzaines de huskies avaient reniflé le camp de loin.

Čtyři nebo pět tuctů huskyů vyčenichalo tábor už z dálky.

Ils s'étaient glissés discrètement pendant que les deux chiens se battaient à proximité.

Tiše se vplížili dovnitř, zatímco se opodál prali dva psi.

François et Perrault chargèrent en brandissant des massues sur les envahisseurs.

François a Perrault zaútočili a mávali obušky na vetřelce.

Les huskies affamés ont montré les dents et ont riposté avec frénésie.

Hladoví huskyové ukázali zuby a zuřivě se bránili.

L'odeur de la viande et du pain les avait chassés de toute peur.

Vůně masa a chleba je zahnala za všechen strach.

Perrault battait un chien qui avait enfoui sa tête dans la boîte à nourriture.

Perrault zbil psa, který si zabořil hlavu do krmné krabice.

Le coup a été violent et la boîte s'est retournée, la nourriture s'est répandue.

Rána byla silná, krabice se převrátila a jídlo se z ní vysypalo.

En quelques secondes, une vingtaine de bêtes sauvages déchirèrent le pain et la viande.

Během několika sekund se do chleba a masa rozervala spousta divokých zvířat.

Les gourdin masculins ont porté coup sur coup, mais aucun chien ne s'est détourné.

Pánské hole zasazovaly úder za úderem, ale žádný pes se neodvrátil.

Ils hurlaient de douleur, mais se battaient jusqu'à ce qu'il ne reste plus de nourriture.

Vyli bolestí, ale bojovali, dokud jim nezbylo žádné jídlo.

Pendant ce temps, les chiens de traîneau avaient sauté de leurs lits enneigés.

Mezitím sáňkářští psi vyskočili ze svých zasněžených pelechů.

Ils ont été immédiatement attaqués par les huskies vicieux et affamés.

Okamžitě je napadli zlí hladoví huskyové.

Buck n'avait jamais vu de créatures aussi sauvages et affamées auparavant.

Buck nikdy předtím neviděl tak divoká a vyhladovělá stvoření.

Leur peau pendait librement, cachant à peine leur squelette.

Jejich kůže visela volně a sotva skrývala jejich kostry.

Il y avait un feu dans leurs yeux, de faim et de folie

V jejich očích byl oheň hladem a šílenstvím

Il n'y avait aucun moyen de les arrêter, aucune résistance à leur ruée sauvage.

Nedalo se je zastavit; nedalo se odolat jejich divokému náporu.

Les chiens de traîneau furent repoussés, pressés contre la paroi de la falaise.

Sáňkové psy zatlačili dozadu a přitiskli je ke stěně útesu.

Trois huskies ont attaqué Buck en même temps, déchirant sa chair.

Tři huskyové zaútočili na Bucka najednou a trhali mu maso.
Du sang coulait de sa tête et de ses épaules, là où il avait été coupé.
Z hlavy a ramen, kde byl řezán, mu stékala krev.
Le bruit remplissait le camp : grognements, cris et cris de douleur.
Hluk naplnil tábor; vrčení, štěkání a výkřiky bolesti.
Billee pleurait fort, comme d'habitude, prise dans la mêlée et la panique.
Billee hlasitě plakala, jako obvykle, zasažena vším tím harmonií a panikou.
Dave et Solleks se tenaient côte à côte, saignant mais provocants.
Dave a Solleks stáli vedle sebe, krváceli, ale vzdorovitě.
Joe s'est battu comme un démon, mordant tout ce qui s'approchait.
Joe bojoval jako démon a kousal všechno, co se k němu přiblížilo.
Il a écrasé la jambe d'un husky d'un claquement brutal de ses mâchoires.
Jedním brutálním cvaknutím čelistí rozdrtil huskymu nohu.
Pike a sauté sur le husky blessé et lui a brisé le cou instantanément.
Štika skočila na zraněného huskyho a okamžitě mu zlomila vaz.
Buck a attrapé un husky par la gorge et lui a déchiré la veine.
Buck chytil huskyho za krk a roztrhl mu žílu.
Le sang gicla et le goût chaud poussa Buck dans une frénésie.
Krev stříkla a teplá chuť dohnala Bucka k šílenství.
Il s'est jeté sur un autre agresseur sans hésitation.
Bez váhání se vrhl na dalšího útočníka.
Au même moment, des dents acérées s'enfoncèrent dans la gorge de Buck.
Ve stejném okamžiku se Buckovi do hrdla zaryly ostré zuby.
Spitz avait frappé de côté, attaquant sans avertissement.
Spitz udeřil ze strany, útočil bez varování.

Perrault et François avaient vaincu les chiens en volant la nourriture.

Perrault a François porazili psy, kteří kradli jídlo.

Ils se sont alors précipités pour aider leurs chiens à repousser les attaquants.

Nyní spěchali, aby pomohli svým psům odrazit útočníky.

Les chiens affamés se retirèrent tandis que les hommes brandissaient leurs gourdins.

Hladoví psi ustupovali, když muži mávali obušky.

Buck s'est libéré de l'attaque, mais l'évasion a été brève.

Buck se útoku vymanil, ale útěk byl krátký.

Les hommes ont couru pour sauver leurs chiens, et les huskies ont de nouveau afflué.

Muži běželi zachránit své psy a huskyové se znovu vyrojili.

Billee, effrayé et courageux, sauta dans la meute de chiens.

Billee, vyděšená k odvaze, skočila do smečky psů.

Mais il s'est alors enfui sur la glace, saisi de terreur et de panique.

Ale pak utekl přes led, v syrové hrůze a panice.

Pike et Dub suivaient de près, courant pour sauver leur vie.

Pike a Dub je těsně následovali a běželi, aby si zachránili život.

Le reste de l'équipe s'est séparé et dispersé, les suivant.

Zbytek týmu se rozprchl a následoval je.

Buck rassembla ses forces pour courir, mais vit alors un éclair.

Buck sebral sílu k útěku, ale pak uviděl záblesk.

Spitz s'est jeté sur le côté de Buck, essayant de le faire tomber au sol.

Spitz se vrhl na Bucka a snažil se ho srazit k zemi.

Sous cette foule de huskies, Buck n'aurait eu aucune échappatoire.

Pod tou hordou huskyů by Buck neměl úniku.

Mais Buck est resté ferme et s'est préparé au coup de Spitz.

Buck však stál pevně a připravoval se na Spitzův úder.

Puis il s'est retourné et a couru sur la glace avec l'équipe en fuite.

Pak se otočil a vyběhl na led s prchajícím týmem.

Plus tard, les neuf chiens de traîneau se sont rassemblés à l'abri des bois.

Později se devět spřežených psů shromáždilo v lesním úkrytu.

Personne ne les poursuivait plus, mais ils étaient battus et blessés.

Nikdo je už nepronásledoval, ale byli zbití a zranění.

Chaque chien avait des blessures ; quatre ou cinq coupures profondes sur chaque corps.

Každý pes měl zranění; na každém těle čtyři nebo pět hlubokých řezných ran.

Dub avait une patte arrière blessée et avait du mal à marcher maintenant.

Dub měl zraněnou zadní nohu a teď se mu těžko chodilo.

Dolly, le nouveau chien de Dyea, avait la gorge tranchée.

Dolly, nejnovější fena z Dyea, měla podříznutý krk.

Joe avait perdu un œil et l'oreille de Billee était coupée en morceaux

Joe přišel o oko a Billee mělo ucho rozstříhané na kusy.

Tous les chiens ont crié de douleur et de défaite toute la nuit.

Všichni psi celou noc křičeli bolestí a porážkou.

À l'aube, ils retournèrent au camp, endoloris et brisés.

Za úsvitu se plížili zpět do tábora, bolaví a zlomení.

Les huskies avaient disparu, mais le mal était fait.

Huskyové zmizeli, ale škoda už byla napáchána.

Perrault et François étaient de mauvaise humeur à cause de la ruine.

Perrault a François stáli nad zříceninou v nepříjemné náladě.

La moitié de la nourriture avait disparu, volée par les voleurs affamés.

Polovina jídla byla pryč, uchvátili ji hladoví zloději.

Les huskies avaient déchiré les fixations et la toile du traîneau.

Huskyové protrhli vázání saní a plachtu.

Tout ce qui avait une odeur de nourriture avait été complètement dévoré.

Všechno, co vonělo po jídle, bylo úplně zhltnuto.

Ils ont mangé une paire de bottes de voyage en peau d'élan de Perrault.

Snědli pár Perraultových cestovních bot z losí kůže.

Ils ont mâché des reis en cuir et ruiné des sangles au point de les rendre inutilisables.

Žvýkali kožené rei a ničili řemínky k nepoužitelnosti.

François cessa de fixer le fouet déchiré pour vérifier les chiens.

François přestal zírat na natrženou řasu, aby zkontroloval psy.

« Ah, mes amis », dit-il d'une voix basse et pleine d'inquiétude.

„Ach, přátelé," řekl tichým hlasem plným starostí.

« Peut-être que toutes ces morsures vous transformeront en bêtes folles. »

„Možná z vás všechna ta kousnutí udělají šílené bestie."

« Peut-être que ce sont tous des chiens enragés, sacredam ! Qu'en penses-tu, Perrault ? »

„Možná všichni vzteklí psi, posvátný pane! Co myslíš, Perraulte?"

Perrault secoua la tête, les yeux sombres d'inquiétude et de peur.

Perrault zavrtěl hlavou, oči potemnělé znepokojením a strachem.

Il y avait encore quatre cents milles entre eux et Dawson.

Od Dawsonu je stále dělilo čtyři sta mil.

La folie canine pourrait désormais détruire toute chance de survie.

Psí šílenství by teď mohlo zničit jakoukoli šanci na přežití.

Ils ont passé deux heures à jurer et à essayer de réparer le matériel.

Strávili dvě hodiny nadávkami a snahou opravit vybavení.

L'équipe blessée a finalement quitté le camp, brisée et vaincue.

Zraněný tým nakonec opustil tábor, zlomený a poražený.

C'était le sentier le plus difficile jusqu'à présent, et chaque pas était douloureux.

Tohle byla dosud nejtěžší stezka a každý krok byl bolestivý.

La rivière Thirty Mile n'était pas gelée et coulait à flots.

Řeka Třicet mil nezamrzla a divoce se valila.

Ce n'est que dans les endroits calmes et les tourbillons que la glace parvenait à tenir.

Led se dokázal udržet pouze v klidných místech a vířících vírech.

Six jours de dur labeur se sont écoulés jusqu'à ce que les trente milles soient parcourus.

Uběhlo šest dní tvrdé práce, než byli třicet mil uraženi.

Chaque kilomètre parcouru sur le sentier apportait du danger et une menace de mort.

Každá míle stezky přinášela nebezpečí a hrozbu smrti.

Les hommes et les chiens risquaient leur vie à chaque pas douloureux.

Muži i psi riskovali své životy s každým bolestivým krokem.

Perrault a franchi des ponts de glace minces à une douzaine de reprises.

Perrault prorazil tenké ledové mosty tucetkrát.

Il portait une perche et la laissait tomber sur le trou que son corps avait fait.

Nesl tyč a nechal ji spadnout přes díru, kterou jeho tělo vytvořilo.

Plus d'une fois, ce poteau a sauvé Perrault de la noyade.

Tato tyč Perraulta vícekrát zachránila před utonutím.

La vague de froid persistait, l'air était à cinquante degrés en dessous de zéro.

Chladné počasí se drželo pevně, vzduch měl padesát stupňů pod nulou.

Chaque fois qu'il tombait, Perrault devait allumer un feu pour survivre.

Pokaždé, když Perrault spadl dovnitř, musel rozdělat oheň, aby přežil.

Les vêtements mouillés gelaient rapidement, alors il les séchait près d'une source de chaleur intense.

Mokré oblečení rychle mrzlo, a tak ho sušil poblíž spalujícího horka.

Aucune peur n'a jamais touché Perrault, et cela a fait de lui un courrier.

Perraulta nikdy nepostihl strach, a to z něj dělalo kurýra.

Il a été choisi pour le danger, et il l'a affronté avec une résolution tranquille.

Byl vybrán pro nebezpečí a čelil mu s tichým odhodláním.

Il s'avança face au vent, son visage ratatiné et gelé.

Tlačil se dopředu proti větru, scvrklý obličej měl omrzlý.

De l'aube naissante à la tombée de la nuit, Perrault les mena en avant.

Od slabého úsvitu do soumraku je Perrault vedl vpřed.

Il marchait sur une étroite bordure de glace qui se fissurait à chaque pas.

Kráčel po úzkém ledovém okraji, který s každým krokem praskal.

Ils n'osaient pas s'arrêter : chaque pause risquait de provoquer un effondrement mortel.

Neodvážili se zastavit – každá pauza riskovala smrtelný kolaps.

Un jour, le traîneau s'est brisé, entraînant Dave et Buck à l'intérieur.

Jednou se sáně protrhly a vtáhly Davea a Bucka dovnitř.

Au moment où ils ont été libérés, tous deux étaient presque gelés.

Než je vytáhli na svobodu, byli oba téměř zmrzlí.

Les hommes ont rapidement allumé un feu pour garder Buck et Dave en vie.

Muži rychle rozdělali oheň, aby Bucka a Davea udrželi naživu.

Les chiens étaient recouverts de glace du nez à la queue, raides comme du bois sculpté.

Psi byli od čumáku k ocasu potaženi ledem, tuhí jako vyřezávané dřevo.

Les hommes les faisaient courir en rond près du feu pour décongeler leurs corps.

Muži s nimi kroužili u ohně, aby jim rozmrzla těla.

Ils se sont approchés si près des flammes que leur fourrure a été brûlée.

Přišli k plamenům tak blízko, že jim spálili srst.

Spitz a ensuite brisé la glace, entraînant l'équipe derrière lui.

Spitz prorazil led jako další a táhl za sebou tým.

La cassure s'est étendue jusqu'à l'endroit où Buck tirait.

Zlom sahal až k místu, kde Buck táhl.

Buck se pencha en arrière, ses pattes glissant et tremblant sur le bord.

Buck se prudce zaklonil, tlapky mu na okraji klouzaly a třásly se.

Dave a également tendu vers l'arrière, juste derrière Buck sur la ligne.

Dave se také napjal dozadu, hned za Bucka na lajně.

François tirait sur le traîneau, ses muscles craquant sous l'effort.

François táhl saně, svaly mu praskaly námahou.

Une autre fois, la glace du bord s'est fissurée devant et derrière le traîneau.

Jindy se okrajový led praskal před a za saněmi.

Ils n'avaient d'autre issue que d'escalader une paroi rocheuse gelée.

Neměli jinou cestu ven, než vylézt po zamrzlé stěně útesu.

Perrault a réussi à escalader le mur, mais un miracle l'a maintenu en vie.

Perrault nějakým způsobem přelezl zeď; zázrak ho udržel naživu.

François resta en bas, priant pour avoir le même genre de chance.

François zůstal dole a modlil se za stejné štěstí.

Ils ont attaché chaque sangle, chaque amarrage et chaque traçage en une seule longue corde.

Svázali každý popruh, šňůru a provaz do jednoho dlouhého lana.

Les hommes ont hissé chaque chien, un par un, jusqu'au sommet.

Muži vytahovali každého psa nahoru, jednoho po druhém.

François est monté en dernier, après le traîneau et toute la charge.

François lezl poslední, po saních a celém nákladu.

Commença alors une longue recherche d'un chemin pour descendre des falaises.

Pak začalo dlouhé hledání cesty dolů z útesů.

Ils sont finalement descendus en utilisant la même corde qu'ils avaient fabriquée.

Nakonec sestoupili po stejném lanu, které si sami vyrobili.

La nuit tombait alors qu'ils retournaient au lit de la rivière, épuisés et endoloris.

Když se vyčerpaní a bolaví, padla noc.

La journée entière ne leur avait permis de gagner qu'un quart de mile.

Trvalo jim celý den, než urazili pouhou čtvrt míle.

Au moment où ils atteignirent le Hootalinqua, Buck était épuisé.

Než dorazili k Hootalinquě, Buck byl vyčerpaný.

Les autres chiens ont tout autant souffert des conditions du sentier.

Ostatní psi trpěli stejně těžce podmínkami na stezce.

Mais Perrault avait besoin de récupérer du temps et les poussait chaque jour.

Perrault ale potřeboval získat zpět čas a každý den je tlačil dál.

Le premier jour, ils ont parcouru trente miles jusqu'à Big Salmon.

První den cestovali třicet mil do Big Salmonu.

Le lendemain, ils parcoururent trente-cinq milles jusqu'à Little Salmon.

Následujícího dne cestovali třicet pět mil do Little Salmonu.

Le troisième jour, ils ont parcouru quarante longs kilomètres gelés.

Třetího dne se prodrali dlouhými čtyřiceti kilometry zmrzlých vod.

À ce moment-là, ils approchaient de la colonie de Five Fingers.

V té době se blížili k osadě Five Fingers.

Les pieds de Buck étaient plus doux que les pieds durs des huskies indigènes.

Buckovy nohy byly měkčí než tvrdé nohy původních huskyů.

Ses pattes étaient devenues plus fragiles au fil des générations civilisées.

Jeho tlapky během mnoha civilizovaných generací zcitlivěly.

Il y a longtemps, ses ancêtres avaient été apprivoisés par des hommes de la rivière ou des chasseurs.

Kdysi dávno byli jeho předkové ochočeni říčními muži nebo lovci.

Chaque jour, Buck boitait de douleur, marchant sur des pattes à vif et douloureuses.

Buck každý den kulhal bolestí a chodil po odřených, bolavých tlapkách.

Au camp, Buck tomba comme une forme sans vie sur la neige.

V táboře se Buck zhroutil na sníh jako bezvládné tělo.

Bien qu'affamé, Buck ne s'est pas levé pour manger son repas du soir.

Přestože Buck hladověl, nevstal, aby snědl večeři.

François apporta sa ration à Buck, en déposant du poisson près de son museau.

François přinesl Buckovi jeho příděl jídla a položil mu rybu k čenichu.

Chaque nuit, le chauffeur frottait les pieds de Buck pendant une demi-heure.

Každou noc řidič půl hodiny třel Buckovi nohy.

François a même découpé ses propres mocassins pour en faire des chaussures pour chiens.

François si dokonce nastříhal vlastní mokasíny, aby si z nich vyrobil psí boty.

Quatre chaussures chaudes ont apporté à Buck un grand et bienvenu soulagement.

Čtyři teplé boty poskytly Buckovi velkou a vítanou úlevu.

Un matin, François oublia ses chaussures et Buck refusa de se lever.

Jednoho rána si François zapomněl boty a Buck se odmítl vstát.

Buck était allongé sur le dos, les pieds en l'air, les agitant pitoyablement.

Buck ležel na zádech s nohama ve vzduchu a žalostně s nimi mával.

Même Perrault sourit à la vue de l'appel dramatique de Buck.

Dokonce i Perrault se při pohledu na Buckovu dramatickou prosbu ušklíbl.

Bientôt, les pieds de Buck devinrent durs et les chaussures purent être jetées.

Buckovi brzy ztvrdly nohy a boty mohl vyhodit.

À Pelly, pendant le temps du harnais, Dolly laissait échapper un hurlement épouvantable.

V Pelly, během zapřažení, Dolly vydala strašlivý výkřik.

Le cri était long et rempli de folie, secouant chaque chien.

Křik byl dlouhý a plný šílenství, otřásal každým psem.

Chaque chien se hérissait de peur sans en connaître la raison.

Každý pes se zježil strachy, aniž by věděl proč.

Dolly était devenue folle et s'était jetée directement sur Buck.

Dolly se zbláznila a vrhla se přímo na Bucka.

Buck n'avait jamais vu la folie, mais l'horreur remplissait son cœur.

Buck nikdy neviděl šílenství, ale hrůza naplnila jeho srdce.

Sans réfléchir, il se retourna et s'enfuit, complètement paniqué.

Bez přemýšlení se otočil a v naprosté panice utekl.

Dolly le poursuivit, les yeux fous, la salive s'échappant de ses mâchoires.

Dolly ho pronásledovala s divokým pohledem a slinami, které jí stékaly z čelistí.

Elle est restée juste derrière Buck, sans jamais gagner ni reculer.

Držela se těsně za Buckem, nikdy ho nedoháněla ani neustupovala.

Buck courut à travers les bois, le long de l'île, sur de la glace déchiquetée.

Buck běžel lesem, dolů po ostrově, přes rozeklaný led.

Il traversa vers une île, puis une autre, revenant vers la rivière.

Přešel k jednomu ostrovu, pak k dalšímu a vrátil se k řece.

Dolly le poursuivait toujours, son grognement le suivant de près à chaque pas.

Dolly ho stále pronásledovala a vrčení se ozývalo těsně za ním na každém kroku.

Buck pouvait entendre son souffle et sa rage, même s'il n'osait pas regarder en arrière.

Buck slyšel její dech a vztek, i když se neodvážil ohlédnout.

François cria de loin, et Buck se tourna vers la voix.

François zakřičel z dálky a Buck se otočil za hlasem.

Encore à bout de souffle, Buck courut, plaçant tout espoir en François.

Buck stále lapal po dechu a proběhl kolem a vkládal veškerou naději ve Françoise.

Le conducteur du chien leva une hache et attendit que Buck passe à toute vitesse.

Psí jezdec zvedl sekeru a čekal, až Buck proletí kolem.

La hache s'abattit rapidement et frappa la tête de Dolly avec une force mortelle.

Sekera se rychle snesla a udeřila Dolly do hlavy smrtící silou.

Buck s'est effondré près du traîneau, essoufflé et incapable de bouger.

Buck se zhroutil poblíž saní, sípal a nebyl schopen se pohnout.

Ce moment a donné à Spitz l'occasion de frapper un ennemi épuisé.

V tom okamžiku měl Spitz šanci zasáhnout vyčerpaného nepřítele.

Il a mordu Buck à deux reprises, déchirant la chair jusqu'à l'os blanc.

Dvakrát kousl Bucka a roztrhal mu maso až k bílé kosti.

Le fouet de François claqua, frappant Spitz avec toute sa force et sa fureur.

Françoisův bič praskl a udeřil Spitze plnou, zuřivou silou.

Buck regarda avec joie Spitz recevoir sa raclée la plus dure jusqu'à présent.

Buck s radostí sledoval, jak Spitz dostával svůj dosud nejkrutější výprask.

« C'est un diable, ce Spitz », murmura sombrement Perrault pour lui-même.

„Je to ďábel, ten Spitz," zamumlal si Perrault temně pro sebe.

« Un jour prochain, ce maudit chien tuera Buck, je le jure. »

„Jednoho dne brzy ten prokletý pes zabije Bucka – přísahám."

« Ce Buck a deux démons en lui », répondit François en hochant la tête.

„Ten Buck má v sobě dva ďábly," odpověděl François s kývnutím hlavy.

« Quand je regarde Buck, je sais que quelque chose de féroce l'attend. »

„Když se dívám na Bucka, vím, že v něm čeká něco zuřivého."

« Un jour, il deviendra fou comme le feu et mettra Spitz en pièces. »

„Jednoho dne se rozzuří jako oheň a roztrhá Špice na kusy."

« Il va mâcher ce chien et le recracher sur la neige gelée. »

„Toho psa rozkouše a vyplivne ho na zmrzlý sníh."

« Bien sûr que non, je le sais au plus profond de moi. »

„Jasně že to vím, hluboko v kostech."

À partir de ce moment-là, les deux chiens étaient engagés dans une guerre.

Od té chvíle byli oba psi uvězněni ve válce.

Spitz a dirigé l'équipe et a conservé le pouvoir, mais Buck a contesté cela.

Spitz vedl tým a držel moc, ale Buck to zpochybnil.

Spitz a vu son rang menacé par cet étrange étranger du Sud.

Spitz viděl, jak tento podivný cizinec z Jihu ohrožuje jeho hodnost.

Buck ne ressemblait à aucun autre chien du sud que Spitz avait connu auparavant.

Buck se nepodobal žádnému jižanskému psu, kterého Spitz předtím znal.

La plupart d'entre eux ont échoué, trop faibles pour survivre au froid et à la faim.

Většina z nich selhala – byli příliš slabí na to, aby přežili zimu a hlad.

Ils sont morts rapidement à cause du travail, du gel et de la lenteur de la famine.

Rychle umírali v práci, mrazu a pomalém hoření hladomoru.

Buck se démarquait : plus fort, plus intelligent et plus sauvage chaque jour.

Buck vyčníval – silnější, chytřejší a každý den divočejší.

Il a prospéré dans les difficultés, grandissant jusqu'à égaler les huskies du Nord.

Dařilo se mu v útrapách a vyrostl tak, aby se vyrovnal severním huskyům.

Buck avait de la force, une habileté sauvage et un instinct patient et mortel.

Buck měl sílu, divokou dovednost a trpělivý, smrtící instinkt.

L'homme avec la massue avait fait perdre à Buck toute témérité.

Muž s kyjem z Bucka vymlátil ukvapenost.

La fureur aveugle avait disparu, remplacée par une ruse silencieuse et un contrôle.

Slepá zuřivost byla pryč, nahrazena tichou lstí a sebeovládáním.

Il attendait, calme et primitif, guettant le bon moment.

Čekal, klidný a prapůvodní, vyhlížel ten správný okamžik.

Leur lutte pour le commandement est devenue inévitable et claire.

Jejich boj o velení se stal nevyhnutelným a jasným.

Buck désirait être un leader parce que son esprit l'exigeait.

Buck toužil po vůdcovství, protože si to vyžadoval jeho duch.

Il était poussé par l'étrange fierté née du sentier et du harnais.

Poháněla ho zvláštní hrdost zrozená z cesty a postroje.

Cette fierté a poussé les chiens à tirer jusqu'à ce qu'ils s'effondrent sur la neige.

Ta hrdost nutila psy táhnout, dokud se nezhroutili do sněhu.

L'orgueil les a poussés à donner toute la force qu'ils avaient.

Pýcha je lákala k tomu, aby vydali veškerou sílu, kterou měli.

L'orgueil peut attirer un chien de traîneau jusqu'à la mort.

Pýcha dokáže sáňkového psa zlákat až k smrti.

La perte du harnais a laissé les chiens brisés et sans but.

Ztráta postroje zanechala psy zlomené a bez smyslu.

Le cœur d'un chien de traîneau peut être brisé par la honte lorsqu'il prend sa retraite.

Srdce tažného psa může být zdrceno studem, když odejde do důchodu.

Dave vivait avec cette fierté alors qu'il tirait le traîneau par derrière.

Dave žil z této hrdosti, když táhl saně zezadu.

Solleks, lui aussi, a tout donné avec une force et une loyauté redoutables.

I Solleks ze sebe vydal všechno s ponurou silou a loajalitou.

Chaque matin, l'orgueil les faisait passer de l'amertume à la détermination.

Každé ráno je hrdost proměňovala z hořkosti v odhodlání.

Ils ont poussé toute la journée, puis sont restés silencieux à la fin du camp.

Celý den se tlačili a pak na konci tábora ztichli.

Cette fierté a donné à Spitz la force de battre les tire-au-flanc.

Tato hrdost dala Spitzovi sílu dohnat ty, co se vyhýbají trestu.

Spitz craignait Buck parce que Buck portait cette même fierté profonde.

Spitz se Bucka bál, protože Buck v sobě nesl stejnou hlubokou hrdost.

L'orgueil de Buck s'est alors retourné contre Spitz, et il ne s'est pas arrêté.

Buckova hrdost se nyní vzbouřila proti Spitzovi a on se nezastavil.

Buck a défié le pouvoir de Spitz et l'a empêché de punir les chiens.

Buck se vzepřel Spitzově moci a zabránil mu v trestání psů.

Lorsque les autres échouaient, Buck s'interposait entre eux et leur chef.

Když jiní selhali, Buck se postavil mezi ně a jejich vůdce.

Il l'a fait intentionnellement, en rendant son défi ouvert et clair.

Udělal to záměrně, svou výzvu dal jasně a otevřeně najevo.

Une nuit, une forte neige a recouvert le monde d'un profond silence.

Jedné noci hustý sníh zahalil svět hlubokým tichem.

Le lendemain matin, Pike, paresseux comme toujours, ne se leva pas pour aller travailler.

Druhý den ráno Pike, líný jako vždy, nevstal do práce.

Il est resté caché dans son nid sous une épaisse couche de neige.

Zůstal schovaný ve svém hnízdě pod silnou vrstvou sněhu.

François a appelé et cherché, mais n'a pas pu trouver le chien.

François zavolal a hledal, ale psa nenašel.

Spitz devint furieux et se précipita à travers le camp couvert de neige.

Spitz se rozzuřil a vtrhl do zasněženého tábora.

Il grogna et renifla, creusant frénétiquement avec des yeux flamboyants.

Vrčel a čichal a zuřivě kopal planoucíma očima.

Sa rage était si féroce que Pike tremblait sous la neige de peur.

Jeho vztek byl tak prudký, že se Štika strachy třásla pod sněhem.

Lorsque Pike fut finalement retrouvé, Spitz se précipita pour punir le chien qui se cachait.

Když byl Pike konečně nalezen, Spitz se vrhl na schovávajícího se psa, aby ho potrestal.

Mais Buck s'est précipité entre eux avec une fureur égale à celle de Spitz.

Buck se ale mezi ně vrhl s vztekem, který se rovnal Spitzově vlastnímu.

L'attaque fut si soudaine et intelligente que Spitz tomba.

Útok byl tak náhlý a chytrý, že Spitz spadl z nohou.

Pike, qui tremblait, puisa du courage dans ce défi.

Pike, který se celý třásl, se z tohoto vzdoru povzbudil.

Il sauta sur le Spitz tombé, suivant l'exemple audacieux de Buck.

Skočil na padlého Špice a následoval Buckova odvážného příkladu.

Buck, n'étant plus tenu par l'équité, a rejoint la grève contre Spitz.

Buck, kterého už nevázala spravedlnost, se připojil ke stávce na Spitzi.

François, amusé mais ferme dans sa discipline, balançait son lourd fouet.

François, pobavený, ale zároveň neústupný v kázni, švihl těžkým bičem.

Il frappa Buck de toutes ses forces pour mettre fin au combat.

Udeřil Bucka vší silou, aby rvačku ukončil.

Buck a refusé de bouger et est resté au sommet du chef tombé.

Buck se odmítl pohnout a zůstal na spadlém vůdci.

François a ensuite utilisé le manche du fouet, frappant Buck durement.

François pak použil rukojeť biče a silně udeřil Bucka.

Titubant sous le coup, Buck recula sous l'assaut.

Buck se pod úderem zapotácel a pod útokem se zhroutil.

François frappait encore et encore tandis que Spitz punissait Pike.

François udeřil znovu a znovu, zatímco Spitz trestal Pikea.

Les jours passèrent et Dawson City se rapprocha de plus en plus.

Dny plynuly a Dawson City se stále více přibližovalo.

Buck n'arrêtait pas d'intervenir, se glissant entre le Spitz et les autres chiens.

Buck se pořád plel a vmísil se mezi Spitze a ostatní psy.

Il choisissait bien ses moments, attendant toujours que François parte.

Dobře si vybíral chvíle, vždycky čekal, až François odejde.

La rébellion silencieuse de Buck s'est propagée et le désordre a pris racine dans l'équipe.

Buckova tichá vzpoura se šířila a v týmu se zakořenil chaos.

Dave et Solleks sont restés fidèles, mais d'autres sont devenus indisciplinés.

Dave a Solleks zůstali věrní, ale jiní se stali neposlušnými.

L'équipe est devenue de plus en plus agitée, querelleuse et hors de propos.

Tým se zhoršoval – byl neklidný, hádavý a vybočoval z latě.

Plus rien ne fonctionnait correctement et les bagarres devenaient courantes.

Nic už nefungovalo hladce a rvačky se staly běžnou záležitostí.

Buck est resté au cœur des troubles, provoquant toujours des troubles.

Buck zůstával v centru dění a neustále vyvolával nepokoje.

François restait vigilant, effrayé par le combat entre Buck et Spitz.

François zůstal ve střehu, protože se bál rvačky mezi Buckem a Spitzem.

Chaque nuit, des bagarres le réveillaient, craignant que le commencement n'arrive enfin.

Každou noc ho budily rvačky, protože se bál, že konečně nastal začátek.

Il sauta de sa robe, prêt à mettre fin au combat.

Vyskočil ze svého roucha, připravený přerušit rvačku.

Mais le moment n'arriva jamais et ils atteignirent finalement Dawson.

Ale ta chvíle nikdy nenastala a konečně dorazili do Dawsonu.

L'équipe est entrée dans la ville un après-midi sombre, tendu et calme.

Tým vjel do města jednoho pochmurného odpoledne, napjatý a tichý.

La grande bataille pour le leadership était encore en suspens dans l'air glacial.

Velká bitva o vedení stále visela ve vzduchu.

Dawson était rempli d'hommes et de chiens de traîneau, tous occupés à travailler.

Dawson byl plný mužů a spřežení, všichni byli zaneprázdněni prací.

Buck regardait les chiens tirer des charges du matin au soir.

Buck sledoval, jak psi tahájí břemena od rána do večera.

Ils transportaient des bûches et du bois de chauffage et acheminaient des fournitures vers les mines.

Odváželi klády a palivové dříví, přepravovali zásoby do dolů.

Là où les chevaux travaillaient autrefois dans le Southland, les chiens travaillent désormais.

Tam, kde kdysi na Jihu pracovali koně, nyní dřeli psi.

Buck a vu quelques chiens du Sud, mais la plupart étaient des huskies ressemblant à des loups.

Buck viděl několik psů z jihu, ale většina z nich byli vlčí huskyové.

La nuit, comme une horloge, les chiens élevaient la voix pour chanter.

V noci, jako hodinky, psi zvyšovali hlasy v písni.

À neuf heures, à minuit et à nouveau à trois heures, les chants ont commencé.

V devět, o půlnoci a znovu ve tři začal zpěv.

Buck aimait se joindre à leur chant étrange, au son sauvage et ancien.

Buck se s oblibou přidával k jejich tajemnému zpěvu, divokému a starobylému.

Les aurores boréales flamboyaient, les étoiles dansaient et la neige recouvrait le pays.

Polární záře plápolala, hvězdy tančily a zemi pokrýval sníh.

Le chant des chiens s'éleva comme un cri contre le silence et le froid glacial.

Psí zpěv se ozval jako křik proti tichu a kruté zimě.

Mais leur hurlement contenait de la tristesse, et non du défi, dans chaque longue note.

Ale v každém dlouhém tónu jejich vytí byl smutek, ne vzdor.

Chaque cri plaintif était plein de supplications, le fardeau de la vie elle-même.

Každý kvílivý výkřik byl plný proseb; břemeno samotného života.

Cette chanson était vieille, plus vieille que les villes et plus vieille que les incendies.

Ta píseň byla stará – starší než města a starší než požáry

Cette chanson était encore plus ancienne que les voix des hommes.

Ta píseň byla dokonce starší než lidské hlasy.

C'était une chanson du monde des jeunes, quand toutes les chansons étaient tristes.

Byla to píseň z mladého světa, kdy všechny písně byly smutné.

La chanson portait la tristesse d'innombrables générations de chiens.

Píseň nesla smutek nesčetných generací psů.

Buck ressentait profondément la mélodie, gémissant de douleur enracinée dans les âges.

Buck tu melodii hluboce procítil a sténal bolestí zakořeněnou ve věcích.

Il sanglotait d'un chagrin aussi vieux que le sang sauvage dans ses veines.

Vzlykal zármutkem starým jako divoká krev v jeho žilách.

Le froid, l'obscurité et le mystère ont touché l'âme de Buck.

Chlad, tma a tajemno se dotkly Buckovy duše.

Cette chanson prouvait à quel point Buck était revenu à ses origines.

Ta píseň dokázala, jak hluboko se Buck vrátil ke svým kořenům.

À travers la neige et les hurlements, il avait trouvé le début de sa propre vie.

Skrze sníh a vytí našel začátek svého vlastního života.

Sept jours après leur arrivée à Dawson, ils repartent.

Sedm dní po příjezdu do Dawsonu se znovu vydali na cestu.

L'équipe est descendue de la caserne jusqu'au sentier du Yukon.

Tým klesl z kasáren dolů na Yukonskou stezku.

Ils ont commencé le voyage de retour vers Dyea et Salt Water.

Vydali se na cestu zpět k Dyea a Salt Water.

Perrault portait des dépêches encore plus urgentes qu'auparavant.

Perrault nosil ještě naléhavější zásilky než dříve.

Il était également saisi par la fierté du sentier et avait pour objectif d'établir un record.

Také ho pohltila hrdost na traily a jeho cílem bylo vytvořit rekord.

Cette fois, plusieurs avantages étaient du côté de Perrault.

Tentokrát bylo několik výhod na Perraultově straně.

Les chiens s'étaient reposés pendant une semaine entière et avaient repris des forces.

Psi odpočívali celý týden a nabrali zpět sílu.

Le sentier qu'ils avaient ouvert était maintenant damé par d'autres.

Stezka, kterou prošlapali, byla nyní udupaná ostatními.

À certains endroits, la police avait stocké de la nourriture pour les chiens et les hommes.

Na některých místech měla policie uskladněné jídlo pro psy i muže.

Perrault voyageait léger, se déplaçait rapidement et n'avait pas grand-chose pour l'alourdir.

Perrault cestoval nalehko, pohyboval se rychle a s malým množstvím věcí, které by ho tížily.

Ils ont atteint Sixty-Mile, une course de cinquante milles, dès la première nuit.

První noc dorazili na Sixty-Mile, což byl běh dlouhý padesát mil.

Le deuxième jour, ils se sont précipités sur le Yukon en direction de Pelly.

Druhého dne se řítili po Yukonu směrem k Pelly.

Mais ces beaux progrès ont été accompagnés de beaucoup de difficultés pour François.

Ale takový skvělý pokrok s sebou pro Françoise nesl velké úsilí.

La rébellion silencieuse de Buck avait brisé la discipline de l'équipe.

Buckova tichá vzpoura narušila disciplínu v týmu.

Ils ne se rassemblaient plus comme une seule bête dans les rênes.

Už netáhli za jeden provaz jako jedna bestie v otěžích.

Buck avait conduit d'autres personnes à la défiance par son exemple audacieux.

Buck svým odvážným příkladem vedl ostatní k odporu.

L'ordre de Spitz n'a plus été accueilli avec crainte ou respect.

Spitzův rozkaz se již nesetkával se strachem ani respektem.

Les autres ont perdu leur respect pour lui et ont osé résister à son règne.

Ostatní ztratili k němu úctu a odvážili se vzdorovat jeho vládě.

Une nuit, Pike a volé la moitié d'un poisson et l'a mangé sous les yeux de Buck.

Jednou v noci Pike ukradl půlku ryby a snědl ji Buckovi přímo pod jeho okem.

Une autre nuit, Dub et Joe se sont battus contre Spitz et sont restés impunis.

Další noc se Dub a Joe poprali se Spitzem a zůstali bez trestu.

Même Billee gémissait moins doucement et montrait une nouvelle vivacité.

Dokonce i Billee kňučela méně sladce a projevila novou bystrost.

Buck grognait sur Spitz à chaque fois qu'ils se croisaient.

Buck na Spitze vrčel pokaždé, když se zkřížili.

L'attitude de Buck devint audacieuse et menaçante, presque comme celle d'un tyran.

Buckův postoj se stal troufalým a hrozivým, skoro jako u tyrana.

Il marchait devant Spitz avec une démarche assurée, pleine de menace moqueuse.

S chvástavým výrazem plným posměšné hrozby přecházel před Spitzem.

Cet effondrement de l'ordre s'est également propagé parmi les chiens de traîneau.

Toto zhroucení pořádku se rozšířilo i mezi saňovými psy.

Ils se battaient et se disputaient plus que jamais, remplissant le camp de bruit.

Hádali se a hádali víc než kdy dřív, a tábor naplňovali hlukem.

La vie au camp se transformait chaque nuit en un chaos sauvage et hurlant.

Život v táboře se každou noc měnil v divoký, kvílivý chaos.

Seuls Dave et Solleks sont restés stables et concentrés.

Pouze Dave a Solleks zůstali stabilní a soustředění.

Mais même eux sont devenus colériques à cause des bagarres incessantes.

Ale i oni se kvůli neustálým rvačkám rozčílili.

François jurait dans des langues étranges et piétinait de frustration.

François zaklel v podivných jazycích a frustrovaně dupal.

Il s'arrachait les cheveux et criait tandis que la neige volait sous ses pieds.

Rval si vlasy a křičel, zatímco pod nohama létal sníh.

Son fouet claqua sur le groupe, mais parvint à peine à les maintenir en ligne.

Jeho bič šlehl přes smečku, ale sotva je udržel v řadě.

Chaque fois qu'il tournait le dos, les combats reprenaient.

Kdykoli se otočil zády, boj se znovu rozpoutal.

François a utilisé le fouet pour Spitz, tandis que Buck a dirigé les rebelles.

François použil bič pro Spitze, zatímco Buck vedl rebely.

Chacun connaissait le rôle de l'autre, mais Buck évitait tout blâme.

Každý znal roli toho druhého, ale Buck se jakémukoli obviňování vyhýbal.

François n'a jamais surpris Buck en train de provoquer une bagarre ou de se dérober à son travail.

François nikdy nepřistihl Bucka při tom, jak by začínal rvačku nebo se vyhýbal své práci.

Buck travaillait dur sous le harnais – le travail lui faisait désormais vibrer l'esprit.

Buck tvrdě pracoval v postroji – dřina teď vzrušovala jeho ducha.

Mais il trouvait encore plus de joie à provoquer des bagarres et du chaos dans le camp.

Ale ještě větší radost nacházel v rozdmýchávání rvaček a chaosu v táboře.

Un soir, à l'embouchure du Tahkeena, Dub fit sursauter un lapin.

Jednoho večera u Tahkeeniných úst Dub vyplašil králíka.

Il a raté la prise et le lièvre d'Amérique s'est enfui.

Nechytil ho a králík na sněžnicích odskočil pryč.

En quelques secondes, toute l'équipe de traîneau s'est lancée à sa poursuite en poussant des cris sauvages.

Během několika sekund se celé spřežení s divokým křikem dalo do pronásledování.

À proximité, un camp de la police du Nord-Ouest abritait une cinquantaine de chiens huskys.

Nedaleko se v táboře severozápadní policie nacházelo padesát psů husky.

Ils se sont joints à la chasse, descendant ensemble la rivière gelée.

Připojili se k lovu a společně se řítili po zamrzlé řece.

Le lapin a quitté la rivière et s'est enfui dans le lit d'un ruisseau gelé.

Králík odbočil z řeky a utíkal zamrzlým korytem potoka.

Le lapin sautait légèrement sur la neige tandis que les chiens peinaient à se frayer un chemin.

Králík lehce poskakoval po sněhu, zatímco se psi prodírali sněhem.

Buck menait l'énorme meute de soixante chiens dans chaque virage sinueux.

Buck vedl obrovskou smečku šedesáti psů každou klikatou zatáčkou.

Il avança, bas et impatient, mais ne put gagner du terrain.

Tlačil se vpřed, nízko a dychtivě, ale nemohl se prosadit.

Son corps brillait sous la lune pâle à chaque saut puissant.

Jeho tělo se s každým silným skokem mihlo v bledém měsíci.

Devant, le lapin se déplaçait comme un fantôme, silencieux et trop rapide pour être attrapé.

Před nimi se králík pohyboval jako duch, tichý a příliš rychlý, než aby ho bylo možné chytit.

Tous ces vieux instincts – la faim, le frisson – envahirent Buck.

Všechny ty staré instinkty – hlad, vzrušení – projely Buckem.

Les humains ressentent parfois cet instinct et sont poussés à chasser avec une arme à feu et des balles.

Lidé tento instinkt občas pociťují, jsou hnáni k lovu s puškou a kulkou.

Mais Buck ressentait ce sentiment à un niveau plus profond et plus personnel.

Buck ale tento pocit cítil na hlubší a osobnější úrovni.

Ils ne pouvaient pas ressentir la nature sauvage dans leur sang comme Buck pouvait la ressentir.

Nedokázali cítit divočinu ve své krvi tak, jak ji cítil Buck.

Il chassait la viande vivante, prêt à tuer avec ses dents et à goûter le sang.

Honil živé maso, připravený zabíjet zuby a ochutnávat krev.

Son corps se tendait de joie, voulant se baigner dans la vie rouge et chaude.

Jeho tělo se napínalo radostí a touhou se vykoupat v teplé rudé vodě života.

Une joie étrange marque le point le plus élevé que la vie puisse atteindre.

Zvláštní radost označuje nejvyšší bod, kterého může život kdy dosáhnout.

La sensation d'un pic où les vivants oublient même qu'ils sont en vie.

Pocit vrcholu, kde živí zapomínají, že vůbec žijí.

Cette joie profonde touche l'artiste perdu dans une inspiration fulgurante.

Tato hluboká radost se dotýká umělce ztraceného v planoucí inspiraci.

Cette joie saisit le soldat qui se bat avec acharnement et n'épargne aucun ennemi.

Tato radost zmocňuje vojáka, který bojuje divoce a nešetří žádného nepřítele.

Cette joie s'empara alors de Buck alors qu'il menait la meute dans une faim primitive.

Tato radost nyní zachvátila Bucka, který vedl smečku v prvotním hladu.

Il hurla avec le cri ancien du loup, ravi par la chasse vivante.

Vyl starodávným vlčím řevem, vzrušený živou honičkou.

Buck a puisé dans la partie la plus ancienne de lui-même, perdue dans la nature.

Buck se napojil na nejstarší část sebe sama, ztracenou v divočině.

Il a puisé au plus profond de lui-même, au-delà de la mémoire, dans le temps brut et ancien.

Sáhl hluboko do svého nitra, za hranice paměti, do syrového, dávného času.

Une vague de vie pure a traversé chaque muscle et chaque tendon.

Vlna čistého života projela každým svalem a šlachou.

Chaque saut criait qu'il vivait, qu'il traversait la mort.

Každý skok křičel, že žije, že se pohybuje skrze smrt.

Son corps s'élevait joyeusement au-dessus d'une terre calme et froide qui ne bougeait jamais.

Jeho tělo se radostně vznášelo nad tichou, chladnou zemí, která se ani nepohnula.

Spitz est resté froid et rusé, même dans ses moments les plus fous.

Spitz zůstával chladnokrevný a lstivý, a to i v těch nejdivočejších chvílích.

Il quitta le sentier et traversa un terrain où le ruisseau formait une large courbe.

Opustil stezku a přešel pozemek, kde se potok široce stáčel.

Buck, inconscient de cela, resta sur le chemin sinueux du lapin.

Buck, nevědom si toho, zůstal na klikaté králíčí cestě.

Puis, alors que Buck tournait un virage, le lapin fantomatique était devant lui.

Pak, když Buck zahnul za zatáčku, objevil se před ním králík podobný duchu.

Il vit une deuxième silhouette sauter de la berge devant la proie.

Viděl druhou postavu, jak vyskočila z břehu před kořistí.

La silhouette était celle d'un Spitz, atterrissant juste sur le chemin du lapin en fuite.

Tou postavou byl Spitz, který přistál přímo v cestě prchajícímu králíkovi.

Le lapin ne pouvait pas se retourner et a rencontré les mâchoires de Spitz en plein vol.

Králík se nemohl otočit a ve vzduchu se setkal se Spitzovými čelistmi.

La colonne vertébrale du lapin se brisa avec un cri aussi aigu que le cri d'un humain mourant.

Králíkovi se zlomila páteř s výkřikem ostrým jako pláč umírajícího člověka.

À ce bruit – la chute de la vie à la mort – la meute hurla fort.

Při tom zvuku – pádu ze života do smrti – smečka hlasitě zavyla.

Un chœur sauvage s'éleva derrière Buck, plein de joie sombre.

Z Buckových zády se ozval divoký sbor plný temné radosti.

Buck n'a émis aucun cri, aucun son, et a chargé directement Spitz.

Buck nevydal ani výkřik, ani hlásku a vrhl se přímo na Spitze.

Il a visé la gorge, mais a touché l'épaule à la place.

Mířil na krk, ale místo toho se trefil do ramene.

Ils dégringolèrent dans la neige molle, leurs corps bloqués dans le combat.

Propadali se měkkým sněhem; jejich těla se sevřela v boji.

Spitz se releva rapidement, comme s'il n'avait jamais été renversé.

Spitz rychle vyskočil, jako by ho nikdo nesrazil.

Il a entaillé l'épaule de Buck, puis s'est éloigné du combat.

Sekl Buckovi do ramene a pak seskočil z boje.

À deux reprises, ses dents claquèrent comme des pièges en acier, ses lèvres se retroussèrent et devinrent féroces.

Dvakrát mu cvakly zuby jako ocelové pasti, rty se zkřivily a byly zuřivé.

Il recula lentement, cherchant un sol ferme sous ses pieds.

Pomalu couval a hledal pevnou půdu pod nohama.

Buck a compris le moment instantanément et pleinement.

Buck pochopil tu chvíli okamžitě a plně.

Le moment était venu ; le combat allait être un combat à mort.

Nastal čas; boj se měl konat na život a na smrt.

Les deux chiens tournaient en rond, grognant, les oreilles plates, les yeux plissés.

Dva psi kroužili kolem, vrčeli, uši stáhly a oči zúžené.

Chaque chien attendait que l'autre montre une faiblesse ou fasse un faux pas.

Každý pes čekal, až ten druhý projeví slabost nebo udělá chybný krok.

Pour Buck, la scène semblait étrangement connue et profondément ancrée dans ses souvenirs.

Buckovi se ta scéna zdála zlověstně známá a hluboce vzpomínaná.

Les bois blancs, la terre froide, la bataille au clair de lune.

Bílé lesy, studená země, bitva za měsíčního svitu.

Un silence pesant emplissait le pays, profond et contre nature.

Krajinu naplnilo těžké ticho, hluboké a nepřirozené.

Aucun vent ne soufflait, aucune feuille ne bougeait, aucun bruit ne brisait le silence.

Ani vítr se nepohnul, žádný list se nepohnul, žádný zvuk nenarušil ticho.

Le souffle des chiens s'élevait comme de la fumée dans l'air glacial et calme.

Psí dech stoupal v mrazivém, tichém vzduchu jako kouř.

Le lapin a été depuis longtemps oublié par la meute de bêtes sauvages.

Králík byl smečkou divokých zvířat dávno zapomenut.

Ces loups à moitié apprivoisés se tenaient maintenant immobiles dans un large cercle.

Tito napůl zkrocení vlci nyní stáli nehybně v širokém kruhu.

Ils étaient silencieux, seuls leurs yeux brillants révélaient leur faim.

Byli tiší, jen jejich zářící oči prozrazovaly jejich hlad.

Leur souffle s'éleva, regardant le combat final commencer.

Zatajili dech a sledovali začátek závěrečného boje.

Pour Buck, cette bataille était ancienne et attendue, pas du tout étrange.

Pro Bucka byla tato bitva stará a očekávaná, vůbec ne divná.

C'était comme un souvenir de quelque chose qui devait arriver depuis toujours.

Připadalo mi to jako vzpomínka na něco, co se mělo vždycky stát.

Le Spitz était un chien de combat entraîné, affiné par d'innombrables bagarres sauvages.

Špic byl vycvičený bojový pes, zdokonalený nesčetnými divokými rvačkami.

Du Spitzberg au Canada, il a vaincu de nombreux ennemis.

Od Špicberk až po Kanadu si porazil mnoho nepřátel.

Il était rempli de fureur, mais n'a jamais cédé au contrôle de la rage.

Byl plný vzteku, ale nikdy se nedal ovládnout.

Sa passion était vive, mais toujours tempérée par un instinct dur.

Jeho vášeň byla bystrá, ale vždycky ji tlumil tvrdý instinkt.

Il n'a jamais attaqué jusqu'à ce que sa propre défense soit en place.

Nikdy neútočil, dokud si nebyl připraven sám se bránit.

Buck a essayé encore et encore d'atteindre le cou vulnérable de Spitz.

Buck se znovu a znovu pokoušel dosáhnout na Spitzův zranitelný krk.

Mais chaque coup était accueilli par un coup des dents acérées de Spitz.

Ale každý úder se setkal s prudkým seknutím Spitzových ostrých zubů.

Leurs crocs se sont heurtés et les deux chiens ont saigné de leurs lèvres déchirées.

Jejich tesáky se střetly a oběma psům tekla krev z roztržených rtů.

Peu importe comment Buck s'est lancé, il n'a pas pu briser la défense.

Ať se Buck vrhal jakkoli, nedokázal obranu prolomit.

Il devint de plus en plus furieux, se précipitant avec des explosions de puissance sauvages.

Zuřil čím dál víc a vrhal se do toho s divokými výbuchy síly.

À maintes reprises, Buck frappait la gorge blanche du Spitz.

Buck znovu a znovu útočil na Špicovo bílé hrdlo.

À chaque fois, Spitz esquivait et riposta avec une morsure tranchante.

Spitz se pokaždé vyhnul a udeřil zpět ostrým kousnutím.

Buck changea alors de tactique, se précipitant à nouveau comme pour atteindre la gorge.

Pak Buck změnil taktiku a znovu se vrhl, jako by mu chtěl sevřít po krku.

Mais il s'est retiré au milieu de l'attaque, se tournant pour frapper sur le côté.

Ale uprostřed útoku se stáhl a otočil se k úderu ze strany.

Il a lancé son épaule sur Spitz, dans le but de le faire tomber.

Ramenem narazil do Spitze s cílem ho srazit k zemi.

À chaque fois qu'il essayait, Spitz esquivait et ripostait avec une frappe.

Pokaždé, když se o to pokusil, Spitz se vyhnul a kontroval seknutím.

L'épaule de Buck était à vif alors que Spitz s'écartait après chaque coup.

Bucka bolelo rameno, když Spitz po každém zásahu odskočil.

Spitz n'avait pas été touché, tandis que Buck saignait de nombreuses blessures.

Spitze se nikdo nedotkl, zatímco Buck krvácel z mnoha ran.

La respiration de Buck était rapide et lourde, son corps était couvert de sang.

Buck lapal po dechu rychle a těžce, tělo měl kluzké od krve.

Le combat devenait plus brutal à chaque morsure et à chaque charge.

Souboj se s každým kousnutím a útokem stával brutálnějším.

Autour d'eux, soixante chiens silencieux attendaient le premier à tomber.

Kolem nich šedesát tichých psů čekalo, až padnou první.

Si un chien tombait, la meute allait mettre fin au combat.

Pokud by jeden pes upadl, smečka by boj dokončila.

Spitz vit Buck faiblir et commença à attaquer.

Spitz viděl, jak Buck slábne, a začal tlačit do útoku.

Il a maintenu Buck en déséquilibre, le forçant à lutter pour garder pied.

Zvedl Bucka z rovnováhy a donutil ho bojovat o stabilitu.

Un jour, Buck trébucha et tomba, et tous les chiens se relevèrent.

Jednou Buck zakopl a upadl a všichni psi vstali.

Mais Buck s'est redressé au milieu de sa chute, et tout le monde s'est affalé.

Ale Buck se v polovině pádu vzpamatoval a všichni se zase snesli dolů.

Buck avait quelque chose de rare : une imagination née d'un instinct profond.

Buck měl něco vzácného – představivost zrozenou z hlubokého instinktu.

Il combattait par instinct naturel, mais aussi par ruse.

Bojoval s přirozeným pudem, ale bojoval také s lstí.

Il chargea à nouveau comme s'il répétait son tour d'attaque à l'épaule.

Znovu se vrhl do útoku, jako by opakoval svůj trik s útokem ramenem.

Mais à la dernière seconde, il s'est laissé tomber et a balayé Spitz.

Ale v poslední vteřině se snesl nízko a proplétal se pod Spitzem.

Ses dents se sont bloquées sur la patte avant gauche de Spitz avec un claquement.

Jeho zuby se s cvaknutím zaryly do Spitzovy přední levé nohy.

Spitz était maintenant instable, son poids reposant sur seulement trois pattes.

Spitz teď stál nejistě, opíraje se pouze o tři nohy.

Buck frappa à nouveau, essaya trois fois de le faire tomber.

Buck znovu udeřil a třikrát se ho pokusil srazit k zemi.

À la quatrième tentative, il a utilisé le même mouvement avec succès.

Na čtvrtý pokus úspěšně použil stejný tah.

Cette fois, Buck a réussi à mordre la jambe droite du Spitz.

Tentokrát se Buckovi podařilo kousnout Spitzovi do pravé nohy.

Spitz, bien que paralysé et souffrant, continuait à lutter pour survivre.

Spitz, ačkoli byl zmrzačený a trpěl bolestmi, se stále snažil přežít.

Il vit le cercle de huskies se resserrer, la langue tirée, les yeux brillants.

Viděl, jak se kruh huskyů stahuje, vyplazené jazyky a zářící oči.

Ils attendaient de le dévorer, comme ils l'avaient fait pour les autres.

Čekali, aby ho mohli pohltit, stejně jako to udělali s ostatními.

Cette fois, il se tenait au centre, vaincu et condamné.

Tentokrát stál uprostřed; poražený a odsouzený k záhubě.

Le chien blanc n'avait désormais plus aucune possibilité de s'échapper.

Bílý pes teď neměl jinou možnost útěku.

Buck n'a montré aucune pitié, car la pitié n'avait pas sa place dans la nature.

Buck neprojevoval žádné slitování, neboť slitování do divočiny nepatří.

Buck se déplaçait prudemment, se préparant à la charge finale.

Buck se opatrně pohyboval a připravoval se na závěrečný útok.

Le cercle des huskies se referma ; il sentit leur souffle chaud.

Kruh huskyů se sevřel; cítil jejich teplý dech.

Ils s'accroupirent, prêts à bondir lorsque le moment viendrait.

Schoulili se, připraveni skočit, až přijde ta správná chvíle.

Spitz tremblait dans la neige, grognant et changeant de position.

Spitz se třásl ve sněhu, vrčel a měnil postoj.

Ses yeux brillaient, ses lèvres se courbaient, ses dents brillaient dans une menace désespérée.

Jeho oči zářily, rty byly zkřivené a zuby se blýskaly zoufalou hrozbou.

Il tituba, essayant toujours de résister à la morsure froide de la mort.

Zavrávoral a stále se snažil zadržet chladný kousnutí smrti.

Il avait déjà vu cela auparavant, mais toujours du côté des gagnants.

Už tohle viděl dřív, ale vždycky z vítězné strany.

Il était désormais du côté des perdants, des vaincus, de la proie, de la mort.

Teď byl na straně poražených; poražených; kořisti; smrti.

Buck tourna en rond pour porter le coup final, le cercle de chiens se rapprochant.

Buck kroužil k poslednímu úderu, kruh psů se přiblížil.

Il pouvait sentir leur souffle chaud, prêt à tuer.

Cítil jejich horký dech; připraveni zabít.

Un silence s'installa ; tout était à sa place ; le temps s'était arrêté.

Nastalo ticho; všechno bylo na svém místě; čas se zastavil.

Même l'air froid entre eux se figea un dernier instant.

Dokonce i studený vzduch mezi nimi na poslední okamžik ztuhl.

Seul Spitz bougea, essayant de retenir sa fin amère.

Pohyboval se jen Spitz a snažil se oddálit svůj hořký konec.

Le cercle des chiens se refermait autour de lui, comme l'était son destin.

Kruh psů se kolem něj svíral, stejně jako jeho osud.

Il était désespéré maintenant, sachant ce qui allait se passer.

Byl teď zoufalý, věděl, co se stane.

Buck bondit, épaule contre épaule une dernière fois.

Buck vskočil dovnitř a naposledy se ramenem setkal.

Les chiens se sont précipités en avant, couvrant Spitz dans l'obscurité neigeuse.

Psi se vrhli vpřed a zakryli Spitze v zasněžené tmě.

Buck regardait, debout, le vainqueur dans un monde sauvage.

Buck se díval, stojící vzpřímeně; vítěz v divokém světě.

La bête primordiale dominante avait fait sa proie, et c'était bien.

Dominantní prvotní bestie ulovila kořist a bylo to dobré.

Celui qui a gagné la maîtrise
Ten, kdo dosáhl mistrovství

« Hein ? Qu'est-ce que j'ai dit ? Je dis vrai quand je dis que Buck est un démon. »

„Eh? Co jsem to říkal? Mluvím pravdu, když říkám, že Buck je ďábel."

François a dit cela le lendemain matin après avoir constaté la disparition de Spitz.

François to řekl následující ráno poté, co zjistil, že Spitz zmizel.

Buck se tenait là, couvert de blessures dues au combat acharné.

Buck tam stál, pokrytý ranami z nelítostného boje.

François tira Buck près du feu et lui montra les blessures.

François přitáhl Bucka k ohni a ukázal na zranění.

« Ce Spitz s'est battu comme le Devik », dit Perrault en observant les profondes entailles.

„Ten Spitz bojoval jako Devik," řekl Perrault a prohlížel si hluboké rány.

« Et ce Buck s'est battu comme deux diables », répondit aussitôt François.

„A ten Buck se pral jako dva ďáblové," odpověděl François okamžitě.

« Maintenant, nous allons faire du bon temps ; plus de Spitz, plus de problèmes. »

„Teď už to zvládneme dobře; už žádný Spitz, žádné další potíže."

Perrault préparait le matériel et chargeait le traîneau avec soin.

Perrault balil vybavení a opatrně nakládal saně.

François a attelé les chiens en prévision de la course du jour.

François postrojil psy a připravil je na dnešní běh.

Buck a trotté directement vers la position de tête autrefois détenue par Spitz.

Buck klusal rovnou na vedoucí pozici, kterou dříve držel Spitz.

Mais François, sans s'en apercevoir, conduisit Solleks vers l'avant.

Ale François si toho nevšiml a vedl Sollekse dopředu.

Aux yeux de François, Solleks était désormais le meilleur chien de tête.

Podle Françoisova úsudku byl Solleks nyní nejlepším vodicím psem.

Buck se jeta sur Solleks avec fureur et le repoussa en signe de protestation.

Buck se na Solleksa rozzuřeně vrhl a na protest ho zatlačil zpět.

Il se tenait là où Spitz s'était autrefois tenu, revendiquant la position de leader.

Stál tam, kde kdysi stál Spitz, a nárokoval si vedoucí pozici.

« Hein ? Hein ? » s'écria François en se frappant les cuisses d'un air amusé.

„Cože? Cože?" zvolal François a pobaveně se plácal po stehnech.

« Regardez Buck, il a tué Spitz, et maintenant il veut prendre le poste ! »

„Podívejte se na Bucka – zabil Spitze a teď chce vzít tu práci!"

« Va-t'en, Chook ! » cria-t-il, essayant de chasser Buck.

„Jdi pryč, Chooku!" křičel a snažil se Bucka odehnat.

Mais Buck refusa de bouger et resta ferme dans la neige.

Ale Buck se odmítl pohnout a pevně stál ve sněhu.

François attrapa Buck par la peau du cou et le tira sur le côté.

François chytil Bucka za kůži a odtáhl ho stranou.

Buck grogna bas et menaçant mais n'attaqua pas.

Buck tiše a výhružně zavrčel, ale nezaútočil.

François a remis Solleks en tête, tentant de régler le différend

François dostal Solleks zpět do vedení a snažil se urovnat spor.

Le vieux chien avait peur de Buck et ne voulait pas rester.

Starý pes projevoval strach z Bucka a nechtěl zůstat.

Quand François lui tourna le dos, Buck chassa à nouveau Solleks.

Když se François otočil zády, Buck Solleksa znovu vyhnal.

Solleks n'a pas résisté et s'est discrètement écarté une fois de plus.

Solleks se nebránil a tiše znovu ustoupil stranou.

François s'est mis en colère et a crié : « Par Dieu, je te répare ! »

François se rozzlobil a vykřikl: „Při Bohu, já tě vyléčím!"

Il s'approcha de Buck en tenant une lourde massue à la main.

Přistoupil k Buckovi a v ruce držel těžký kyj.

Buck se souvenait bien de l'homme au pull rouge.

Buck si muže v červeném svetru dobře pamatoval.

Il recula lentement, observant François, mais grognant profondément.

Pomalu ustupoval, pozoroval Françoise, ale hluboce vrčel.

Il ne s'est pas précipité en arrière, même lorsque Solleks s'est levé à sa place.

Nespěchal zpět, ani když Solleks stál na jeho místě.

Buck tourna en rond juste hors de portée, grognant de fureur et de protestation.

Buck kroužil těsně mimo jejich dosah a vrčel vzteky a protestem.

Il gardait les yeux fixés sur le gourdin, prêt à esquiver si François lançait.

Nepřetržitě sledoval hůl, připravený uhnout, kdyby François hodil.

Il était devenu sage et prudent quant aux manières des hommes armés.

Zmoudřel a zpozorněl, co se týče způsobů ozbrojených mužů.

François abandonna et rappela Buck à son ancienne place.

François to vzdal a znovu zavolal Bucka na své dřívější místo.

Mais Buck recula prudemment, refusant d'obéir à l'ordre.

Buck ale opatrně ustoupil a odmítl uposlechnout rozkaz.

François le suivit, mais Buck ne recula que de quelques pas supplémentaires.

François ho následoval, ale Buck ustoupil jen o pár kroků.

Après un certain temps, François jeta l'arme par frustration.

Po nějaké době François ve frustraci odhodil zbraň.

Il pensait que Buck craignait d'être battu et qu'il allait venir tranquillement.

Myslel si, že se Buck bojí výprasku a že přijde potichu.

Mais Buck n'évitait pas la punition : il se battait pour son rang.

Buck se ale trestu nevyhýbal – bojoval o hodnost.

Il avait gagné la place de chien de tête grâce à un combat à mort.

Místo vůdčího psa si vysloužil bojem na život a na smrt.

il n'allait pas se contenter de moins que d'être le leader.

Nehodlán se spokojit s ničím menším než s tím, že bude vůdcem.

Perrault a participé à la poursuite pour aider à attraper le Buck rebelle.

Perrault se zapojil do honičky, aby pomohl chytit vzpurného Bucka.

Ensemble, ils l'ont fait courir dans le camp pendant près d'une heure.

Společně ho téměř hodinu vodili po táboře.

Ils lui lancèrent des coups de massue, mais Buck les esquiva habilement.

Házeli po něm kyje, ale Buck se každé z nich obratně vyhnul.

Ils l'ont maudit, lui, ses ancêtres, ses descendants et chaque cheveu de sa personne.

Prokleli jeho, jeho předky, jeho potomky a každý jeho vlas.

Mais Buck se contenta de gronder en retour et resta hors de leur portée.

Ale Buck jen zavrčel a držel se těsně mimo jejich dosah.

Il n'a jamais essayé de s'enfuir mais a délibérément tourné autour du camp.

Nikdy se nepókusil utéct, ale úmyslně tábor kroužil.

Il a clairement fait savoir qu'il obéirait une fois qu'ils lui auraient donné ce qu'il voulait.

Dal jasně najevo, že poslechne, jakmile mu dají, co chce.

François s'est finalement assis et s'est gratté la tête avec frustration.

François se konečně posadil a frustrovaně se poškrábal na hlavě.

Perrault consulta sa montre, jura et marmonna à propos du temps perdu.

Perrault se podíval na hodinky, zaklel a zamumlal si něco o ztraceném čase.

Une heure s'était déjà écoulée alors qu'ils auraient dû être sur la piste.

Už uplynula hodina, kdy měli být na stezce.

François haussa les épaules d'un air penaud en direction du coursier, qui soupira de défaite.

François ostýchavě pokrčil rameny směrem k kurýrovi, který si porážečně povzdechl.

François se dirigea alors vers Solleks et appela Buck une fois de plus.

Pak François přešel k Solleksovi a znovu zavolal na Bucka.

Buck rit comme rit un chien, mais garda une distance prudente.

Buck se smál jako pes, ale držel si opatrný odstup.

François retira le harnais de Solleks et le remit à sa place.

François sundal Solleksovi postroj a vrátil ho na jeho místo.

L'équipe de traîneau était entièrement harnachée, avec seulement une place libre.

Spřežení stálo plně zapřažené, jen jedno místo bylo neobsazené.

La position de tête est restée vide, clairement destinée à Buck seul.

Vedoucí pozice zůstala prázdná, zjevně určená pouze pro Bucka.

François appela à nouveau, et à nouveau Buck rit et tint bon.

François zavolal znovu a Buck se znovu zasmál a stál na svém.

« Jetez le gourdin», ordonna Perrault sans hésitation.

„Hoďte klackem dolů," nařídil Perrault bez váhání.

François obéit et Buck trotta immédiatement en avant, fièrement.

François poslechl a Buck okamžitě hrdě vyklusal vpřed.

Il rit triomphalement et prit la tête.

Vítězně se zasmál a zaujal vedoucí pozici.

François a sécurisé ses traces et le traîneau a été détaché.

François si zajistil stopy a sáně se uvolnily.

Les deux hommes couraient côte à côte tandis que l'équipe s'engageait sur le sentier de la rivière.

Oba muži běželi vedle nich, když se tým hnal na stezku podél řeky.

François avait une haute opinion des « deux diables » de Buck,

François si Buckových „dvou ďáblů" vážil.

mais il s'est vite rendu compte qu'il avait en fait sous-estimé le chien.

ale brzy si uvědomil, že psa ve skutečnosti podcenil.

Buck a rapidement pris le leadership et a fait preuve d'excellence.

Buck se rychle ujal vedení a podával vynikající výkony.

En termes de jugement, de réflexion rapide et d'action, Buck a surpassé Spitz.

V úsudku, rychlém myšlení a rychlé akci Buck Spitze předčil.

François n'avait jamais vu un chien égal à celui que Buck présentait maintenant.

François nikdy neviděl psa rovného tomu, jakého teď Buck předváděl.

Mais Buck excellait vraiment dans l'art de faire respecter l'ordre et d'imposer le respect.

Buck ale skutečně vynikal v prosazování pořádku a vzbuzování respektu.

Dave et Solleks ont accepté le changement sans inquiétude ni protestation.

Dave a Solleks změnu přijali bez obav a protestů.

Ils se concentraient uniquement sur le travail et tiraient fort sur les rênes.

Soustředili se jen na práci a tvrdě tahali za otěže.

Peu leur importait de savoir qui menait, tant que le traîneau continuait d'avancer.

Moc jim nezáleželo na tom, kdo vede, hlavně aby se sáně pohybovaly.

Billee, la joyeuse, aurait pu diriger pour autant qu'ils s'en soucient.

Billee, ta veselá, mohla vést, ať jim bylo cokoliv.

Ce qui comptait pour eux, c'était la paix et l'ordre dans les rangs.

Záleželo jim na klidu a pořádku v řadách.

Le reste de l'équipe était devenu indiscipliné pendant le déclin de Spitz.

Zbytek týmu se během Spitzova úpadku stal neposlušným.

Ils furent choqués lorsque Buck les ramena immédiatement à l'ordre.

Byli šokováni, když je Buck okamžitě uvedl do pořádku.

Pike avait toujours été paresseux et traînait les pieds derrière Buck.

Pike byl vždycky líný a vlekl se za Buckem.

Mais maintenant, il a été sévèrement discipliné par la nouvelle direction.

Ale nyní byl novým vedením ostře potrestán.

Et il a rapidement appris à faire sa part dans l'équipe.

A rychle se naučil v týmu hrát klíčovou roli.

À la fin de la journée, Pike avait travaillé plus dur que jamais.

Na konci dne Pike pracoval tvrději než kdy jindy.

Cette nuit-là, au camp, Joe, le chien aigri, fut finalement maîtrisé.

Té noci v táboře byl Joe, ten kyselý pes, konečně zkrocen.

Spitz n'avait pas réussi à le discipliner, mais Buck n'avait pas échoué.

Spitz ho nedokázal potrestat, ale Buck nezklamal.

Grâce à son poids plus important, Buck a vaincu Joe en quelques secondes.

Buck využil své větší váhy a během několika sekund Joea přemohl.

Il a mordu et battu Joe jusqu'à ce qu'il gémisse et cesse de résister.

Kousal a tloukl Joea, dokud nezakňoural a nepřestal se bránit.

Toute l'équipe s'est améliorée à partir de ce moment-là.

Celý tým se od té chvíle zlepšil.

Les chiens ont retrouvé leur ancienne unité et leur discipline.

Psi znovu získali svou starou jednotu a disciplínu.

À Rink Rapids, deux nouveaux huskies indigènes, Teek et Koona, nous ont rejoint.

V Rink Rapids se připojili dva noví původní huskyové, Teek a Koona.

La rapidité avec laquelle Buck les dressa étonna même François.

Buckův rychlý výcvik ohromil i Françoise.

« Il n'y a jamais eu de chien comme ce Buck ! » s'écria-t-il avec stupéfaction.

„Nikdy tu nebyl takový pes jako tenhle Buck!" zvolal s úžasem.

« Non, jamais ! Il vaut mille dollars, bon sang ! »

„Ne, nikdy! Vždyť má hodnotu tisíc dolarů, proboha!"

« Hein ? Qu'en dis-tu, Perrault ? » demanda-t-il avec fierté.

„Cože? Co říkáte, Perraulte?" zeptal se s hrdostí.

Perrault hocha la tête en signe d'accord et vérifia ses notes.

Perrault souhlasně přikývl a zkontroloval si poznámky.

Nous sommes déjà en avance sur le calendrier et gagnons chaque jour davantage.

Už teď předbíháme plán a každý den získáváme další.

Le sentier était dur et lisse, sans neige fraîche.

Stezka byla zpevněná a hladká, bez čerstvého sněhu.

Le froid était constant, oscillant autour de cinquante degrés en dessous de zéro.

Chlad byl stálý a po celou dobu se pohyboval kolem padesáti stupňů pod nulou.

Les hommes montaient et couraient à tour de rôle pour se réchauffer et gagner du temps.

Muži se střídali v jízdě a běhu, aby se zahřáli a udělali si čas.

Les chiens couraient vite avec peu d'arrêts, poussant toujours vers l'avant.

Psi běželi rychle s několika málo zastávkami a neustále se tlačili vpřed.

La rivière Thirty Mile était en grande partie gelée et facile à traverser.

Řeka Třicet mil byla většinou zamrzlá a snadno se přes ni dalo cestovat.

Ils sont sortis en un jour, ce qui leur avait pris dix jours pour venir.

Odešli během jednoho dne, zatímco příjezd jim trval deset dní.

Ils ont parcouru une distance de soixante milles du lac Le Barge jusqu'à White Horse.

Urazili šedesát mil od jezera Le Barge k Bílému koni.

À travers les lacs Marsh, Tagish et Bennett, ils se déplaçaient incroyablement vite.

Přes jezera Marsh, Tagish a Bennett se pohybovali neuvěřitelně rychle.

L'homme qui courait était tiré derrière le traîneau par une corde.

Běžící muž táhl saně na laně.

La dernière nuit de la deuxième semaine, ils sont arrivés à destination.

Poslední noc druhého týdne dorazili do cíle.

Ils avaient atteint ensemble le sommet du col White.

Společně dosáhli vrcholu Bílého průsmyku.

Ils sont descendus au niveau de la mer avec les lumières de Skaguay en dessous d'eux.

Klesli na hladinu moře se světly Skaguaye pod sebou.

Il s'agissait d'une course record à travers des kilomètres de nature froide et sauvage.

Byl to rekordní běh napříč kilometry chladné divočiny.

Pendant quatorze jours d'affilée, ils ont parcouru en moyenne quarante miles.

Čtrnáct dní v kuse urazili v průměru silných šedesát mil.

À Skaguay, Perrault et François transportaient des marchandises à travers la ville.

Ve Skaguay přepravovali Perrault a François náklad městem.

Ils ont été acclamés et ont reçu de nombreuses boissons de la part d'une foule admirative.

Obdivující davy je povzbuzovaly a nabízely jim mnoho nápojů.

Les chasseurs de chiens et les ouvriers se sont rassemblés autour du célèbre attelage de chiens.

Lovci psů a pracovníci se shromáždili kolem slavného psího spřežení.

Puis les hors-la-loi de l'Ouest arrivèrent en ville et subirent une violente défaite.

Pak do města přišli západní zločinci a utrpěli tuhou porážku.

Les gens ont vite oublié l'équipe et se sont concentrés sur un nouveau drame.

Lidé brzy zapomněli na tým a soustředili se na nové drama.

Puis sont arrivées les nouvelles commandes qui ont tout changé d'un coup.

Pak přišly nové rozkazy, které všechno najednou změnily.

François appela Buck à lui et le serra dans ses bras avec une fierté larmoyante.

François si k sobě zavolal Bucka a s hrdostí, která se mu do očí do očí, ho objal.

Ce moment fut la dernière fois que Buck revit François.

V tom okamžiku Buck Françoise viděl naposledy.

Comme beaucoup d'hommes avant eux, François et Perrault étaient tous deux partis.

Stejně jako mnoho mužů předtím, i François i Perrault byli pryč.

Un métis écossais a pris en charge Buck et ses coéquipiers de chiens de traîneau.

Skotský míšenec se ujal vedení Bucka a jeho kolegů ze psího spřežení.

Avec une douzaine d'autres équipes de chiens, ils sont retournés par le sentier jusqu'à Dawson.

S tuctem dalších psích spřežení se vrátili po stezce do Dawsonu.

Ce n'était plus une course rapide, juste un travail pénible avec une lourde charge chaque jour.

Teď to nebyl žádný rychlý běh – jen těžká dřina s těžkým nákladem každý den.

C'était le train postal qui apportait des nouvelles aux chercheurs d'or près du pôle.

Toto byl poštovní vlak, který přivážel zprávy lovcům zlata blízko pólu.

Buck n'aimait pas le travail mais le supportait bien, étant fier de ses efforts.

Buck tu práci neměl rád, ale snášel ji dobře a byl na svou snahu hrdý.

Comme Dave et Solleks, Buck a fait preuve de dévouement dans chaque tâche quotidienne.

Stejně jako Dave a Solleks, i Buck projevoval oddanost každému každodennímu úkolu.

Il s'est assuré que chacun de ses coéquipiers fasse sa part du travail.

Ujistil se, že každý z jeho spoluhráčů odvedl svou práci.

La vie sur les sentiers est devenue ennuyeuse, répétée avec la précision d'une machine.

Život na stezkách se stal nudným, opakujícím se s přesností stroje.

Chaque jour était le même, un matin se fondant dans le suivant.

Každý den se zdál stejný, jedno ráno splývalo s dalším.

À la même heure, les cuisiniers se levèrent pour allumer des feux et préparer la nourriture.

Ve stejnou hodinu vstali kuchaři, aby rozdělali oheň a připravili jídlo.

Après le petit-déjeuner, certains quittèrent le camp tandis que d'autres attelèrent les chiens.

Po snídani někteří opustili tábor, zatímco jiní zapřahli psy.

Ils ont pris la route avant que le faible avertissement de l'aube ne touche le ciel.

Vydali se na stezku dříve, než se oblohy dotklo slabé varování před úsvitem.

La nuit, ils s'arrêtaient pour camper, chaque homme ayant une tâche précise.

V noci se zastavili, aby si postavili tábor, každý muž s pevně stanovenou povinností.

Certains ont monté les tentes, d'autres ont coupé du bois de chauffage et ramassé des branches de pin.

Někteří stavěli stany, jiní káceli dříví a sbírali borové větve.

De l'eau ou de la glace étaient ramenées aux cuisiniers pour le repas du soir.

Na večeři se kuchařům nosila voda nebo led.

Les chiens ont été nourris et c'était le meilleur moment de la journée pour eux.

Psi byli nakrmeni a tohle pro ně byla nejlepší část dne.

Après avoir mangé du poisson, les chiens se sont détendus et se sont allongés près du feu.

Poté, co snědli rybu, si psi odpočinuli a lenošili u ohně.

Il y avait une centaine d'autres chiens dans le convoi avec lesquels se mêler.

V konvoji bylo dalších sto psů, se kterými se dalo vmísit.

Beaucoup de ces chiens étaient féroces et prompts à se battre sans prévenir.

Mnoho z těchto psů bylo divokých a rychlých do boje bez varování.

Mais après trois victoires, Buck a maîtrisé même les combattants les plus féroces.

Ale po třech vítězstvích Buck zvládl i ty nejzuřivější bojovníky.

Maintenant, quand Buck grogna et montra ses dents, ils s'écartèrent.

Když Buck zavrčel a ukázal zuby, ustoupili stranou.

Mais le plus beau dans tout ça, c'est que Buck aimait s'allonger près du feu de camp vacillant.

Snad ze všeho nejvíc Buck miloval ležení u mihotavého ohně.

Il s'accroupit, les pattes arrière repliées et les pattes avant tendues vers l'avant.

Dřepěl se se zastrčenými zadními nohami a nataženými předními vpřed.

Sa tête était levée tandis qu'il cligna doucement des yeux devant les flammes rougeoyantes.

Zvedl hlavu a tiše zamrkal na zářící plameny.

Parfois, il se souvenait de la grande maison du juge Miller à Santa Clara.

Někdy si vzpomínal na velký dům soudce Millera v Santa Claře.

Il pensait à la piscine en ciment, à Ysabel et au carlin appelé Toots.

Myslel na betonový bazén, na Ysabel a mopse jménem Toots.

Mais le plus souvent, il se souvenait du gourdin de l'homme au pull rouge.

Ale častěji si vzpomínal na muže s kyjem v červeném svetru.

Il se souvenait de la mort de Curly et de sa bataille acharnée contre Spitz.

Vzpomněl si na Kudrnatýho smrt a jeho zuřivý boj se Spitzem.

Il se souvenait aussi des bons plats qu'il avait mangés ou dont il rêvait encore.

Také si vzpomněl na dobré jídlo, které jedl nebo o kterém stále snil.

Buck n'avait pas le mal du pays : la vallée chaude était lointaine et irréelle.

Buckovi se nestýskalo po domově – teplé údolí bylo vzdálené a neskutečné.

Les souvenirs de Californie n'avaient plus vraiment d'influence sur lui.

Vzpomínky na Kalifornii ho už žádnou skutečnou přitažlivost neměly.

Plus forts que la mémoire étaient les instincts profondément ancrés dans sa lignée.

Silnější než paměť byly instinkty hluboko v jeho krevní linii.

Les habitudes autrefois perdues étaient revenues, ravivées par le sentier et la nature sauvage.

Zvyky kdysi ztracené se vrátily, oživené stezkou a divočinou.

Tandis que Buck regardait la lumière du feu, cela devenait parfois autre chose.

Když Buck pozoroval světlo ohně, občas se to stávalo něčím jiným.

Il vit à la lueur du feu un autre feu, plus vieux et plus profond que celui-ci.

Ve světle ohně spatřil další oheň, starší a hlubší než ten současný.

À côté de cet autre feu se tenait accroupi un homme qui ne ressemblait pas au cuisinier métis.

Vedle toho druhého ohně se krčil muž, nepodobný míšenému kuchaři.

Cette figurine avait des jambes courtes, de longs bras et des muscles durs et noués.

Tato postava měla krátké nohy, dlouhé paže a pevné, zauzlené svaly.

Ses cheveux étaient longs et emmêlés, tombant en arrière à partir des yeux.

Jeho vlasy byly dlouhé a zacuchané, splývavé od očí.

Il émit des sons étranges et regarda l'obscurité avec peur.

Vydával zvláštní zvuky a s hrůzou zíral do tmy.

Il tenait une massue en pierre basse, fermement serrée dans sa longue main rugueuse.

V dlouhé drsné ruce pevně svíral kamennou kyj nízko.

L'homme portait peu de vêtements ; juste une peau carbonisée qui pendait dans son dos.

Muž měl na sobě jen málo věcí; jen spálenou kůži, která mu visela po zádech.

Son corps était couvert de poils épais sur les bras, la poitrine et les cuisses.

Jeho tělo bylo pokryto hustými chlupy na pažích, hrudi a stehnech.

Certaines parties des cheveux étaient emmêlées en plaques de fourrure rugueuse.

Některé části vlasů byly zacuchané do chomáčků drsné srsti.

Il ne se tenait pas droit mais penché en avant des hanches jusqu'aux genoux.

Nestál rovně, ale předkloněný od boků ke kolenům.

Ses pas étaient élastiques et félins, comme s'il était toujours prêt à bondir.

Jeho kroky byly pružné a kočičí, jako by byl vždy připraven ke skoku.

Il y avait une vive vigilance, comme s'il vivait dans une peur constante.

Byla v něm silná bdělost, jako by žil v neustálém strachu.

Cet homme ancien semblait s'attendre au danger, que le danger soit perçu ou non.

Zdálo se, že tento starý muž očekává nebezpečí, ať už ho viděl, nebo ne.

Parfois, l'homme poilu dormait près du feu, la tête entre les jambes.

Chlupatý muž občas spal u ohně s hlavou schovanou mezi nohama.

Ses coudes reposaient sur ses genoux, ses mains jointes au-dessus de sa tête.

Lokty měl opřené o kolena, ruce sepjaté nad hlavou.

Comme un chien, il utilisait ses bras velus pour se débarrasser de la pluie qui tombait.

Jako pes používal své chlupaté paže, aby se zbavil padajícího deště.

Au-delà de la lumière du feu, Buck vit deux charbons jumeaux briller dans l'obscurité.

Za světlem ohně Buck uviděl ve tmě dva žhnoucí uhlíky.

Toujours deux par deux, ils étaient les yeux des bêtes de proie traquantes.

Vždy dva po dvou, byly to oči číhajících dravých zvířat.

Il entendit des corps s'écraser à travers les broussailles et des bruits se faire entendre dans la nuit.

Slyšel těla padající křovím a zvuky vydávané v noci.

Allongé sur la rive du Yukon, clignant des yeux, Buck rêvait près du feu.

Buck ležel na břehu Yukonu a mrkal u ohně a snil.

Les images et les sons de ce monde sauvage lui faisaient dresser les cheveux sur la tête.

Z pohledu a zvuků toho divokého světa se mu ježily vlasy.

La fourrure s'élevait le long de son dos, de ses épaules et de son cou.

Srst se mu zježila po zádech, ramenou a krku.

Il gémissait doucement ou émettait un grognement sourd au plus profond de sa poitrine.

Tiše kňučel nebo hluboko v hrudi tiše zavrčel.

Alors le cuisinier métis cria : « Hé, toi Buck, réveille-toi ! »

Pak míšenec kuchař vykřikl: „Hej, ty Bucku, vstávej!"

Le monde des rêves a disparu et la vraie vie est revenue aux yeux de Buck.

Svět snů zmizel a Buckovi se do očí vrátil skutečný život.

Il allait se lever, s'étirer et bâiller, comme s'il venait de se réveiller d'une sieste.

Chystal se vstát, protáhnout se a zívnout, jako by se probudil ze zdřímnutí.

Le voyage était difficile, avec le traîneau postal qui traînait derrière eux.

Cesta byla namáhavá, poštovní saně se vlekly za nimi.

Les lourdes charges et le travail pénible épuisaient les chiens à chaque longue journée.

Těžké náklady a namáhavá práce psy každý dlouhý den vyčerpávaly.

Ils arrivèrent à Dawson maigres, fatigués et ayant besoin de plus d'une semaine de repos.

Do Dawsonu dorazili vyhublí, unavení a potřebovali si odpočinout přes týden.

Mais seulement deux jours plus tard, ils repartaient sur le Yukon.

Ale pouhé dva dny později se znovu vydali dolů po Yukonu.

Ils étaient chargés de lettres supplémentaires destinées au monde extérieur.

Byli naloženi dalšími dopisy směřujícími do vnějšího světa.

Les chiens étaient épuisés et les hommes se plaignaient constamment.

Psi byli vyčerpaní a muži si neustále stěžovali.

La neige tombait tous les jours, ramollissant le sentier et ralentissant les traîneaux.

Sníh padal každý den, změkčoval stezku a zpomaloval saně.

Cela a rendu la traction plus difficile et a entraîné plus de traînée sur les patins.

To vedlo k tvrdšímu tahání a většímu odporu běžců.

Malgré cela, les pilotes étaient justes et se souciaient de leurs équipes.

Navzdory tomu byli jezdci féroví a starali se o své týmy.

Chaque nuit, les chiens étaient nourris avant que les hommes ne puissent manger.

Každý večer byli psi nakrmeni, než se k jídlu dostali muži.

Aucun homme ne dormait avant de vérifier les pattes de son propre chien.

Žádný člověk nespal, než zkontroloval tlapky svého vlastního psa.

Cependant, les chiens s'affaiblissaient à mesure que les kilomètres s'écoulaient sur leur corps.

Psi však s ubývajícími kilometry slábli.

Ils avaient parcouru mille huit cents kilomètres pendant l'hiver.

Během zimy urazili osmnáct set mil.

Ils ont tiré des traîneaux sur chaque kilomètre de cette distance brutale.

Táhli saně přes každou míli té nelítostné vzdálenosti.

Même les chiens de traîneau les plus robustes ressentent de la tension après tant de kilomètres.

I ti nejtvrdší saňoví psi cítí po tolika kilometrech zátěž.

Buck a tenu bon, a permis à son équipe de travailler et a maintenu la discipline.

Buck se držel, udržoval svůj tým v chodu a udržoval disciplínu.

Mais Buck était fatigué, tout comme les autres pendant le long voyage.

Ale Buck byl unavený, stejně jako ostatní na dlouhé cestě.

Billee gémissait et pleurait dans son sommeil chaque nuit sans faute.

Billee každou noc bez výjimky kňučel a plakal ve spánku.

Joe devint encore plus amer et Solleks resta froid et distant.

Joe se ještě více zahořkl a Solleks zůstal chladný a odtažitý.

Mais c'est Dave qui a le plus souffert de toute l'équipe.

Ale byl to Dave, kdo z celého týmu trpěl nejhůře.

Quelque chose n'allait pas en lui, même si personne ne savait quoi.

Něco se v něm dělo špatně, i když nikdo nevěděl co.

Il est devenu de plus en plus maussade et s'en est pris aux autres avec une colère croissante.

Stával se mrzutějším a s rostoucím hněvem na ostatní napadal.

Chaque nuit, il se rendait directement à son nid, attendant d'être nourri.

Každou noc šel rovnou do svého hnízda a čekal na krmení.

Une fois tombé, Dave ne s'est pas relevé avant le matin.

Jakmile byl Dave dole, nevstal až do rána.

Sur les rênes, des secousses ou des sursauts brusques le faisaient crier de douleur.

Náhlé trhnutí nebo trhnutí otěží ho donutilo vykřiknout bolestí.

Son chauffeur a recherché la cause du sinistre, mais n'a constaté aucune blessure.

Jeho řidič pátral po příčině, ale nenašel u něj žádné zranění.

Tous les conducteurs ont commencé à regarder Dave et ont discuté de son cas.

Všichni řidiči začali Davea pozorovat a probírali jeho případ.

Ils ont discuté pendant les repas et pendant leur dernière cigarette de la journée.

Povídali si u jídla a během poslední cigarety dne.

Une nuit, ils ont tenu une réunion et ont amené Dave au feu.

Jednou v noci uspořádali schůzi a přivedli Davea k ohni.

Ils pressèrent et sondèrent son corps, et il cria souvent.

Tlačili a zkoumali jeho tělo a on často křičel.

De toute évidence, quelque chose n'allait pas, même si aucun os ne semblait cassé.

Bylo jasné, že něco není v pořádku, i když se zdálo, že žádná kost není zlomená.

Au moment où ils atteignirent Cassiar Bar, Dave était en train de tomber.

Než dorazili k Cassiar Baru, Dave už padal.

Le métis écossais a appelé à la fin et a retiré Dave de l'équipe.

Skotský míšenec zastavil tým a vyloučil Davea z týmu.

Il a attaché Solleks à la place de Dave, le plus près de l'avant du traîneau.

Upevnil Solleky na Daveovo místo, nejblíže k přední části saní.

Il avait l'intention de laisser Dave se reposer et courir librement derrière le traîneau en mouvement.

Chtěl nechat Davea odpočinout si a volně běhat za jedoucími saněmi.

Mais même malade, Dave détestait être privé du travail qu'il avait occupé.

Ale i když byl nemocný, Dave nenáviděl, když ho vzali z práce, kterou dříve vykonával.

Il grogna et gémit tandis que les rênes étaient retirées de son corps.

Zavrčel a zakňučel, když mu někdo sundal otěže z těla.

Quand il vit Solleks à sa place, il pleura de douleur.

Když uviděl Solleksa na svém místě, rozplakal se zlomenou bolestí.

La fierté du travail sur les sentiers était profonde chez Dave, même à l'approche de la mort.

Hrdost na práci na stezkách v Daveovi hluboce přetrvávala, i když se blížila smrt.

Alors que le traîneau se déplaçait, Dave pataugeait dans la neige molle près du sentier.

Jak se sáně pohybovaly, Dave se bouchal v měkkém sněhu poblíž stezky.

Il a attaqué Solleks, le mordant et le poussant du côté du traîneau.

Zaútočil na Solleksa, kousl ho a strčil ho ze strany saní.

Dave a essayé de sauter dans le harnais et de récupérer sa place de travail.

Dave se pokusil naskočit do postroje a znovu zaujmout své pracovní místo.

Il hurlait, gémissait et pleurait, déchiré entre la douleur et la fierté du travail.

Kňučel, naříkal a plakal, rozpolcen mezi bolestí a hrdostí na práci.

Le métis a utilisé son fouet pour essayer de chasser Dave de l'équipe.

Míšenec se bičem pokusil Davea od týmu odehnat.

Mais Dave ignora le coup de fouet, et l'homme ne put pas le frapper plus fort.

Dave si ale ránu bičem nevšímal a muž ho nemohl udeřit silněji.

Dave a refusé le chemin le plus facile derrière le traîneau, où la neige était tassée.

Dave odmítl jednodušší cestu za saněmi, kde byl udusaný sníh.

Au lieu de cela, il se débattait dans la neige profonde à côté du sentier, dans la misère.

Místo toho se v hlubokém sněhu vedle stezky trápil.

Finalement, Dave s'est effondré, allongé dans la neige et hurlant de douleur.

Nakonec se Dave zhroutil, ležel ve sněhu a vyl bolestí.

Il cria tandis que le long train de traîneaux le dépassait un par un.

Vykřikl, když ho dlouhý zástup saní jeden po druhém míjel.

Pourtant, avec ce qu'il lui restait de force, il se leva et trébucha après eux.

Přesto se zbývajícími silami vstal a klopýtal za nimi.

Il l'a rattrapé lorsque le train s'est arrêté à nouveau et a retrouvé son vieux traîneau.

Dohonil vlak, když znovu zastavil, a našel své staré sáně.

Il a dépassé les autres équipes et s'est retrouvé à nouveau aux côtés de Solleks.

Proklouzl kolem ostatních týmů a znovu se postavil vedle Sollekse.

Alors que le conducteur s'arrêtait pour allumer sa pipe, Dave saisit sa dernière chance.

Když se řidič zastavil, aby si zapálil dýmku, Dave využil poslední šance.

Lorsque le chauffeur est revenu et a crié, l'équipe n'a pas avancé.

Když se řidič vrátil a zakřičel, tým se nepohnul vpřed.

Les chiens avaient tourné la tête, déconcertés par l'arrêt soudain.

Psi otočili hlavy, zmateni náhlým zastavením.

Le conducteur était également choqué : le traîneau n'avait pas avancé d'un pouce.

Řidič byl také v šoku – sáně se nepohnuly ani o píď dopředu.

Il a appelé les autres pour qu'ils viennent voir ce qui s'était passé.

Zavolal na ostatní, aby se přišli podívat, co se stalo.

Dave avait mâché les rênes de Solleks, les brisant toutes les deux.

Dave překousl Solleksovy otěže a obě mu zlomil.

Il se tenait maintenant devant le traîneau, de retour à sa position légitime.

Teď stál před saněmi, zpět na svém správném místě.

Dave leva les yeux vers le conducteur, le suppliant silencieusement de rester dans les traces.

Dave vzhlédl k řidiči a tiše ho prosil, aby zůstal v kolejích.

Le conducteur était perplexe, ne sachant pas quoi faire pour le chien en difficulté.

Řidič byl zmatený a nevěděl, co má s trápícím se psem dělat.

Les autres hommes parlaient de chiens qui étaient morts après avoir été emmenés dehors.

Ostatní muži mluvili o psech, kteří uhynuli poté, co je někdo vyvedl ven.

Ils ont parlé de chiens âgés ou blessés dont le cœur se brisait lorsqu'ils étaient abandonnés.

Vyprávěli o starých nebo zraněných psech, kterým se zlomilo srdce, když byli opuštěni.

Ils ont convenu que c'était une preuve de miséricorde de laisser Dave mourir alors qu'il était encore dans son harnais.

Shodli se, že je milosrdenstvím nechat Davea zemřít ještě v postroji.

Il était attaché au traîneau et Dave tirait avec fierté.

Byl přivázaný zpět k saním a Dave s hrdostí táhl.

Même s'il criait parfois, il travaillait comme si la douleur pouvait être ignorée.

I když občas křičel, pracoval, jako by bolest mohl ignorovat.

Plus d'une fois, il est tombé et a été traîné avant de se relever.

Víckrát upadl a byl tažen, než se znovu postavil.

Un jour, le traîneau l'a écrasé et il a boité à partir de ce moment-là.

Jednou se přes něj sáně převrátily a od té chvíle kulhal.

Il travailla néanmoins jusqu'à ce qu'il atteigne le camp, puis s'allongea près du feu.

Přesto pracoval, dokud nedorazil do tábora, a pak si lehl k ohni.

Le matin, Dave était trop faible pour voyager ou même se tenir debout.

Ráno byl Dave příliš slabý na to, aby cestoval nebo se dokonce postavil na nohy.

Au moment de l'attelage, il essaya d'atteindre son conducteur avec un effort tremblant.

Když byl čas napnout postroj, s třesoucí se námahou se snažil dosáhnout svého řidiče.

Il se força à se relever, tituba et s'effondra sur le sol enneigé.

Přinutil se vstát, zapotácel se a zhroutil se na zasněženou zem.

À l'aide de ses pattes avant, il a traîné son corps vers la zone de harnais.

Předníma nohama táhl své tělo k místu, kde se mohly uchytit postroje.

Il s'avança, pouce par pouce, vers les chiens de travail.

Krok za krokem se sunul vpřed k pracujícím psům.

Ses forces l'abandonnèrent, mais il continua d'avancer dans sa dernière poussée désespérée.

Síly ho opouštěly, ale v posledním zoufalém úderu se dál nevzdával.

Ses coéquipiers l'ont vu haleter dans la neige, impatients de les rejoindre.

Jeho spoluhráči ho viděli, jak ve sněhu lape po dechu a stále toužil se k nim přidat.

Ils l'entendirent hurler de tristesse alors qu'ils quittaient le camp.

Slyšeli ho, jak zármutkem vyje, když opouštěli tábor.

Alors que l'équipe disparaissait dans les arbres, le cri de Dave résonna derrière eux.

Když tým zmizel v lese, Daveův výkřik se rozléhal za nimi.

Le train de traîneaux s'est brièvement arrêté après avoir traversé un tronçon de forêt fluviale.

Sáňový vláček se krátce zastavil po překročení úseku říčního lesa.

Le métis écossais retourna lentement vers le camp situé derrière lui.

Skotský míšenec se pomalu vracel k táboru za nimi.

Les hommes ont arrêté de parler quand ils l'ont vu quitter le train de traîneaux.

Muži přestali mluvit, když ho viděli vystupovat ze saňového vlaku.

Puis un coup de feu retentit clairement et distinctement de l'autre côté du sentier.

Pak se přes stezku jasně a ostře ozval jediný výstřel.

L'homme revint rapidement et reprit sa place sans un mot.

Muž se rychle vrátil a beze slova zaujal své místo.

Les fouets claquaient, les cloches tintaient et les traîneaux roulaient dans la neige.

Biče praskaly, zvonky cinkaly a saně se kutálely sněhem.

Mais Buck savait ce qui s'était passé, et tous les autres chiens aussi.

Ale Buck věděl, co se stalo – a stejně tak všichni ostatní psi.

Le travail des rênes et du sentier
Dříč otěží a stezky

Trente jours après avoir quitté Dawson, le Salt Water Mail atteignit Skaguay.

Třicet dní po odplutí z Dawsonu dorazila Salt Water Mail do Skaguay.

Buck et ses coéquipiers ont pris la tête, arrivant dans un état pitoyable.

Buck a jeho spoluhráči se ujali vedení a dorazili v žalostném stavu.

Buck était passé de cent quarante à cent quinze livres.

Buck zhubl ze sto čtyřiceti na sto patnáct liber.

Les autres chiens, bien que plus petits, avaient perdu encore plus de poids.

Ostatní psi, ačkoli menší, ztratili ještě více tělesné hmotnosti.

Pike, autrefois un faux boiteux, traînait désormais derrière lui une jambe véritablement blessée.

Pike, kdysi falešný kulhající muž, teď za sebou vláčel skutečně zraněnou nohu.

Solleks boitait beaucoup et Dub avait une omoplate déchirée.

Solleks silně kulhal a Dub měl vykloubenou lopatku.

Tous les chiens de l'équipe avaient mal aux pieds après des semaines passées sur le sentier gelé.

Každý pes v týmu měl po týdnech na zmrzlé stezce bolavé nohy.

Ils n'avaient plus aucun ressort dans leurs pas, seulement un mouvement lent et traînant.

V jejich krocích už nebyla žádná pružnost, jen pomalý, vlečný pohyb.

Leurs pieds heurtent durement le sentier, chaque pas ajoutant plus de tension à leur corps.

Jejich nohy tvrdě dopadaly na stezku a každý krok jim přidával další námahu.

Ils n'étaient pas malades, seulement épuisés au-delà de toute guérison naturelle.

Nebyli nemocní, jen vyčerpaní nad veškeré přirozené uzdravení.

Ce n'était pas la fatigue d'une dure journée, guérie par une nuit de repos.

Tohle nebyla únava z jednoho náročného dne, vyléčená nočním odpočinkem.

C'était un épuisement qui s'était construit lentement au fil de mois d'efforts épuisants.

Byla to vyčerpanost, která se pomalu nahromadila měsíci vyčerpávající námahy.

Il ne leur restait plus aucune force de réserve : ils avaient épuisé toutes leurs forces.

Nezbyly jim žádné rezervní síly – vyčerpali už všechno, co měli.

Chaque muscle, chaque fibre et chaque cellule de leur corps étaient épuisés et usés.

Každý sval, vlákno a buňka v jejich tělech byly vyčerpané a opotřebované.

Et il y avait une raison : ils avaient parcouru deux mille cinq cents kilomètres.

A měl k tomu důvod – ujeli dvacet pět set mil.

Ils ne s'étaient reposés que cinq jours au cours des mille huit cents derniers kilomètres.

Během posledních osmnácti set mil odpočívali jen pět dní.

Lorsqu'ils arrivèrent à Skaguay, ils semblaient à peine capables de se tenir debout.

Když dorazili do Skaguay, vypadali, že se sotva udrží na nohou.

Ils ont lutté pour garder les rênes serrées et rester devant le traîneau.

S obtížemi udrželi otěže pevně napjaté a udrželi se před saněmi.

Dans les descentes, ils ont tout juste réussi à éviter d'être écrasés.

Na svazích z kopce se jim podařilo vyhnout se jen přejetí.

« Continuez, pauvres pieds endoloris », dit le chauffeur tandis qu'ils boitaient.

„Jen pojďte dál, ubohé bolavé nohy," řekl řidič, když kulhali dál.

« C'est la dernière ligne droite, après quoi nous aurons tous droit à un long repos, c'est sûr. »

„Tohle je poslední úsek a pak si všichni určitě dáme jeden dlouhý odpočinek."

« Un très long repos », promit-il en les regardant avancer en titubant.

„Jeden opravdu dlouhý odpočinek," slíbil a sledoval, jak se potácejí vpřed.

Les pilotes s'attendaient à bénéficier d'une longue pause bien méritée.

Řidiči očekávali, že si teď dají dlouhou a potřebnou přestávku.

Ils avaient parcouru douze cents milles avec seulement deux jours de repos.

Urazili dvanáct set mil a měli jen dva dny odpočinku.

Par souci d'équité et de raison, ils estimaient avoir mérité un temps de détente.

Spravedlně a rozumně měli pocit, že si zasloužili čas na odpočinek.

Mais trop de gens étaient venus au Klondike et trop peu étaient restés chez eux.

Ale na Klondike jich přišlo příliš mnoho a příliš málo jich zůstalo doma.

Les lettres des familles ont afflué, créant des piles de courrier en retard.

Dopisy od rodin se hromadily a vytvářely hromady zpožděné pošty.

Les ordres officiels sont arrivés : de nouveaux chiens de la Baie d'Hudson allaient prendre le relais.

Dorazily oficiální rozkazy – noví psi z Hudsonova zálivu se měli ujmout moci.

Les chiens épuisés, désormais considérés comme sans valeur, devaient être éliminés.

Vyčerpaní psi, nyní označovaní za bezcenné, měli být zlikvidováni.

Comme l'argent comptait plus que les chiens, ils allaient être vendus à bas prix.

Protože peníze byly důležitější než psi, měli se prodávat levně.

Trois jours supplémentaires passèrent avant que les chiens ne ressentent à quel point ils étaient faibles.

Uplynuly další tři dny, než psi pocítili, jak jsou slabí.

Le quatrième matin, deux hommes venus des États-Unis ont acheté toute l'équipe.

Čtvrtého rána koupili dva muži ze Států celý tým.

La vente comprenait tous les chiens, ainsi que leur harnais usagé.

Prodej zahrnoval všechny psy a jejich obnošené postroje.

Les hommes s'appelaient mutuellement « Hal » et « Charles » lorsqu'ils concluaient l'affaire.

Muži si při uzavírání obchodu oslovovali „Hale" a „Charles".

Charles était d'âge moyen, pâle, avec des lèvres molles et des pointes de moustache féroces.

Karel byl středního věku, bledý, s ochablými rty a ostrými špičkami kníru.

Hal était un jeune homme, peut-être âgé de dix-neuf ans, portant une ceinture bourrée de cartouches.

Hal byl mladý muž, možná devatenáctiletý, s opaskem plným nábojů.

La ceinture contenait un gros revolver et un couteau de chasse, tous deux inutilisés.

Na opasku byl velký revolver a lovecký nůž, obojí nepoužité.

Cela a montré à quel point il était inexpérimenté et inapte à la vie dans le Nord.

Ukazovalo to, jak nezkušený a nezpůsobilý byl pro život na severu.

Aucun des deux hommes n'appartenait à la nature sauvage ; leur présence défiait toute raison.

Ani jeden z nich nepatřil do divočiny; jejich přítomnost se vzpírala veškerému rozumu.

Buck a regardé l'argent échanger des mains entre l'acheteur et l'agent.

Buck sledoval, jak si kupující a agent vyměňují peníze.

Il savait que les conducteurs du train postal allaient le quitter comme les autres.

Věděl, že strojvedoucí poštovních vlaků opouštějí jeho život stejně jako všichni ostatní.

Ils suivirent Perrault et François, désormais irrévocables.

Sledovali Perraulta a Françoise, kteří už nebyli k nezapamatování.

Buck et l'équipe ont été conduits dans le camp négligé de leurs nouveaux propriétaires.

Buck a tým byli odvedeni do nedbale zanedbaného tábora jejich nových majitelů.

La tente s'affaissait, la vaisselle était sale et tout était en désordre.

Stan se prohýbal, nádobí bylo špinavé a všechno leželo v nepořádku.

Buck remarqua également une femme : Mercedes, la femme de Charles et la sœur de Hal.

Buck si tam také všiml ženy – Mercedes, Charlesovy manželky a Halovy sestry.

Ils formaient une famille complète, bien que loin d'être adaptée au sentier.

Tvořili kompletní rodinu, i když zdaleka nebyli vhodní na stezku.

Buck regarda nerveusement le trio commencer à emballer les fournitures.

Buck nervózně sledoval, jak trojice začíná balit zásoby.

Ils ont travaillé dur mais sans ordre, juste du grabuge et des efforts gaspillés.

Pracovali tvrdě, ale bez řádu – jen povyk a zbytečné úsilí.

La tente a été roulée dans une forme volumineuse, beaucoup trop grande pour le traîneau.

Stan byl srolovaný do objemného tvaru, příliš velký pro saně.

La vaisselle sale a été emballée sans avoir été nettoyée ni séchée du tout.

Špinavé nádobí bylo zabalené, aniž by bylo umyté nebo osušené.

Mercedes voltigeait, parlant constamment, corrigeant et intervenant.

Mercedes pobíhala sem a tam, neustále mluvila, opravovala a vměšovala se do dění.

Lorsqu'un sac était placé à l'avant, elle insistait pour qu'il soit placé à l'arrière.

Když byl pytel položen dopředu, trvala na tom, aby šel dozadu.

Elle a mis le sac au fond, et l'instant d'après, elle en avait besoin.

Sbalila pytel na dno a v příštím okamžiku ho potřebovala.

Le traîneau a donc été déballé à nouveau pour atteindre le sac spécifique.

Takže sáně byly znovu vybaleny, aby se dostaly k té jedné konkrétní tašce.

À proximité, trois hommes se tenaient devant une tente, observant la scène se dérouler.

Nedaleko stáli tři muži před stanem a sledovali, co se děje.

Ils souriaient, faisaient des clins d'œil et souriaient à la confusion évidente des nouveaux arrivants.

Usmívali se, mrkali a šklebili se nad zjevným zmatkem nově příchozích.

« Vous avez déjà une charge très lourde », dit l'un des hommes.

„Už teď máš pořádný náklad," řekl jeden z mužů.

« Je ne pense pas que tu devrais porter cette tente, mais c'est ton choix. »

„Myslím, že bys ten stan neměl/a nosit, ale je to tvoje volba."

« Inimaginable ! » s'écria Mercedes en levant les mains de désespoir.

„Nevídané!" zvolala Mercedes a zoufale rozhodila rukama.

« Comment pourrais-je voyager sans une tente sous laquelle dormir ? »

„Jak bych mohl cestovat bez stanu, pod kterým bych mohl zůstat?"

**« C'est le printemps, vous ne verrez plus jamais de froid »,
répondit l'homme.**

„Je jaro – už tu neuvidíte chladné počasí," odpověděl muž.

Mais elle secoua la tête et ils continuèrent à empiler des objets sur le traîneau.

Ale zavrtěla hlavou a oni dál hromadili věci na saně.

La charge s'élevait dangereusement alors qu'ils ajoutaient les dernières choses.

Náklad se nebezpečně tyčil vysoko, když přidávali poslední věci.

« Tu penses que le traîneau va rouler ? » demanda l'un des hommes avec un regard sceptique.

„Myslíš, že sáně pojedou?" zeptal se jeden z mužů se skeptickým pohledem.

« Pourquoi pas ? » rétorqua Charles, vivement agacé.

„Proč by ne?" odsekl Charles s ostrou podrážděností.

« Oh, ce n'est pas grave », dit rapidement l'homme, s'éloignant de l'offense.

„Ale to je v pořádku," řekl muž rychle a couvl, aby se vyhnul urážce.

« Je me demandais juste – ça me semblait un peu trop lourd. »

„Jen jsem se divil – připadalo mi to trochu moc těžké nahoře."

Charles se détourna et attacha la charge du mieux qu'il put.

Karel se odvrátil a uvázal náklad, jak nejlépe uměl.

Mais les attaches étaient lâches et l'emballage mal fait dans l'ensemble.

Ale úvazy byly volné a celkově špatně zabalené.

« Bien sûr, les chiens tireront ça toute la journée », a dit un autre homme avec sarcasme.

„Jasně, psi to budou tahat celý den," řekl sarkasticky další muž.

« Bien sûr », répondit froidement Hal en saisissant le long mât du traîneau.

„Samozřejmě," odpověděl Hal chladně a chytil se dlouhé tyče saní.

D'une main sur le poteau, il faisait tournoyer le fouet dans l'autre.

S jednou rukou na tyči se držel biče v druhé.

« Allons-y ! » cria-t-il. « Allez ! » exhortant les chiens à démarrer.

„Jdeme!" křičel. „Hněte se!" pobízel psy, aby se rozjeli.

Les chiens se sont penchés sur le harnais et ont tendu pendant quelques instants.

Psi se opřeli do postroje a chvíli se napínali.

Puis ils s'arrêtèrent, incapables de déplacer d'un pouce le traîneau surchargé.

Pak se zastavili, neschopní pohnout s přetíženými saněmi ani o píď.

« Ces brutes paresseuses ! » hurla Hal en levant le fouet pour les frapper.

„Líní bestie!" zařval Hal a zvedl bič, aby je udeřil.

Mais Mercedes s'est précipitée et a saisi le fouet des mains de Hal.

Ale Mercedes vběhla dovnitř a vytrhla Halovi bič z rukou.

« Oh, Hal, n'ose pas leur faire de mal », s'écria-t-elle, alarmée.

„Ach, Hale, neopovažuj se jim ublížit!" zvolala vyděšeně.

« Promets-moi que tu seras gentil avec eux, sinon je n'irai pas plus loin. »

„Slib mi, že k nim budeš laskavý, nebo neudělám ani krok."

« Tu ne connais rien aux chiens », lança Hal à sa sœur.

„O psech nevíš vůbec nic," odsekl Hal na sestru.

« Ils sont paresseux, et la seule façon de les déplacer est de les fouetter. »

„Jsou líní a jediný způsob, jak je pohnout, je zbičovat je."

« Demandez à n'importe qui, demandez à l'un de ces hommes là-bas si vous doutez de moi. »

„Zeptejte se kohokoli – zeptejte se jednoho z těch mužů támhle, pokud o mně pochybujete."

Mercedes regarda les spectateurs avec des yeux suppliants et pleins de larmes.

Mercedes se na přihlížející dívala prosebnýma, uplakanýma očima.

Son visage montrait à quel point elle détestait la vue de la douleur.

Její tvář prozrazovala, jak hluboce nenáviděla pohled na jakoukoli bolest.

« Ils sont faibles, c'est tout », dit un homme. « Ils sont épuisés. »

„Jsou slabí, to je vše," řekl jeden muž. „Jsou vyčerpaní."

« Ils ont besoin de repos, ils ont travaillé trop longtemps sans pause. »

„Potřebují odpočinek – byli příliš dlouho unavení bez přestávky."

« Que le repos soit maudit », murmura Hal, la lèvre retroussée.

„Zbytek ať je prokletý," zamumlal Hal se zkřiveným rtem.

Mercedes haleta, clairement peinée par ce mot grossier de sa part.

Mercedes zalapala po dechu, zjevně ji jeho hrubé slovo bolelo.

Pourtant, elle est restée loyale et a immédiatement défendu son frère.

Přesto zůstala věrná a okamžitě se postavila na obranu svého bratra.

« Ne fais pas attention à cet homme », dit-elle à Hal. « Ce sont nos chiens. »

„Nevšímej si toho chlapa," řekla Halovi. „Jsou to naši psi."

« Vous les conduisez comme bon vous semble, faites ce que vous pensez être juste. »

„Řídíš je, jak uznáš za vhodné – dělej, co považuješ za správné."

Hal leva le fouet et frappa à nouveau les chiens sans pitié.

Hal zvedl bič a znovu bez milosti udeřil psy.

Ils se sont précipités en avant, le corps bas, les pieds poussant dans la neige.

Vrhli se vpřed, těla nízko, nohy zabořené do sněhu.

Toutes leurs forces étaient utilisées pour tirer, mais le traîneau ne bougeait pas.

Všechna jejich síla šla do tahu, ale sáně se nehýbaly.

Le traîneau est resté coincé, comme une ancre figée dans la neige tassée.

Sáně zůstaly zaseknuté jako kotva zamrzlá v udusaném sněhu.

Après un deuxième effort, les chiens s'arrêtèrent à nouveau, haletants.

Po druhém pokusu se psi znovu zastavili a těžce lapali po dechu.

Hal leva à nouveau le fouet, juste au moment où Mercedes intervenait à nouveau.

Hal znovu zvedl bič, právě když Mercedes znovu zasáhla.

Elle tomba à genoux devant Buck et lui serra le cou.

Klesla na kolena před Bucka a objala ho kolem krku.

Les larmes lui montèrent aux yeux tandis qu'elle suppliait le chien épuisé.

Slzy se jí zalily do očí, když prosila vyčerpaného psa.

« Pauvres chéris », dit-elle, « pourquoi ne tirez-vous pas plus fort ? »

„Vy chudáci," řekla, „proč prostě nezatáhnete silněji?"

« Si tu tires, tu ne seras pas fouetté comme ça. »

„Když budeš tahat, tak tě takhle zbičovat nebudou."

Buck n'aimait pas Mercedes, mais il était trop fatigué pour lui résister maintenant.

Buck neměl Mercedes rád, ale teď byl příliš unavený, aby jí odolal.

Il accepta ses larmes comme une simple partie de cette journée misérable.

Přijal její slzy jen jako další součást ubohého dne.

L'un des hommes qui regardaient a finalement parlé après avoir retenu sa colère.

Jeden z přihlížejících mužů konečně promluvil, poté co potlačil hněv.

« Je me fiche de ce qui vous arrive, mais ces chiens comptent. »

„Je mi jedno, co se s vámi stane, ale na těch psech záleží."

« Si vous voulez aider, détachez ce traîneau, il est gelé dans la neige. »

„Jestli chceš pomoct, uvolni ty sáně – jsou zmrzlé ke sněhu."

« Appuyez fort sur la perche, à droite et à gauche, et brisez le sceau de glace. »

„Zatlačte silně na výstužnou tyč, doprava i doleva, a prolomte ledovou pečeť."

Une troisième tentative a été faite, cette fois-ci suite à la suggestion de l'homme.

Byl proveden třetí pokus, tentokrát na mužův návrh.

Hal a balancé le traîneau d'un côté à l'autre, libérant les patins.

Hal houpal saněmi ze strany na stranu a uvolňoval je.

Le traîneau, bien que surchargé et maladroit, a finalement fait un bond en avant.

Sáně, ačkoli přetížené a neohrabané, se konečně s trhnutím vymrštily vpřed.

Buck et les autres tiraient sauvagement, poussés par une tempête de coups de fouet.

Buck a ostatní divoce táhli, poháněni záplavou ran bičem.

Une centaine de mètres plus loin, le sentier courbait et descendait en pente dans la rue.

Sto metrů před nimi se stezka stáčela a svažovala do ulice.

Il aurait fallu un conducteur expérimenté pour maintenir le traîneau droit.

Bude potřeba zkušeného řidiče, aby sáně udržel ve vzpřímené poloze.

Hal n'était pas habile et le traîneau a basculé en tournant dans le virage.

Hal nebyl zručný a sáně se při prudkém otáčení v zatáčce převrátily.

Les sangles lâches ont cédé et la moitié de la charge s'est répandue sur la neige.

Uvolněné popruhy povolily a polovina nákladu se vysypala na sníh.

Les chiens ne s'arrêtèrent pas ; le traîneau le plus léger volait sur le côté.

Psi se nezastavili; lehčí sáně letěly na boku.

En colère à cause des mauvais traitements et du lourd fardeau, les chiens couraient plus vite.

Rozzlobení týráním a těžkým břemenem běželi psi rychleji.

Buck, furieux, s'est mis à courir, suivi par l'équipe.

Buck se v rozzuření rozběhl a tým ho následoval.

Hal a crié « Whoa ! Whoa ! » mais l'équipe ne lui a pas prêté attention.

Hal křičel „No páni! No páni!", ale tým si ho nevšímal.

Il a trébuché, est tombé et a été traîné au sol par le harnais.

Zakopl, upadl a postroj ho táhl po zemi.

Le traîneau renversé l'a heurté tandis que les chiens couraient devant.

Převrácené sáně ho převalily, zatímco psi spěchali vpřed.

Le reste des fournitures est dispersé dans la rue animée de Skaguay.

Zbytek zásob se rozprchl po rušné ulici ve Skaguayi.

Des personnes au grand cœur se sont précipitées pour arrêter les chiens et rassembler le matériel.

Dobrosrdeční lidé se vrhli zastavit psy a shromažďovat vybavení.

Ils ont également donné des conseils, directs et pratiques, aux nouveaux voyageurs.

Také novým cestovatelům dávali rady, přímočaré a praktické.

« Si vous voulez atteindre Dawson, prenez la moitié du chargement et doublez les chiens. »

„Jestli se chceš dostat do Dawsonu, vezmi si polovinu nákladu a dvojnásobný počet psů."

Hal, Charles et Mercedes écoutaient, mais sans enthousiasme.

Hal, Charles a Mercedes naslouchali, i když ne s nadšením.

Ils ont installé leur tente et ont commencé à trier leurs provisions.

Postavili si stan a začali třídit své zásoby.

Des conserves sont sorties, ce qui a fait rire les spectateurs.

Vyšly konzervy, které přihlížející rozesmály nahlas.

« Des conserves sur le sentier ? Tu vas mourir de faim avant qu'elles ne fondent », a dit l'un d'eux.

„Konzervy na stezce? Než se rozpustí, tak umřeš hlady," řekl jeden.

« Des couvertures d'hôtel ? Tu ferais mieux de toutes les jeter. »

„Hotelové deky? Raději je všechny vyhoďte."

« Laissez tomber la tente aussi, et personne ne fait la vaisselle ici. »

„Když tu taky vyhodíš stan, nikdo tu nemyje nádobí."

« Tu crois que tu voyages dans un train Pullman avec des domestiques à bord ? »

„Myslíš si, že jedeš pullmanovským vlakem se služebnictvem na palubě?"

Le processus a commencé : chaque objet inutile a été jeté de côté.

Proces začal – každá nepotřebná věc byla odhozena stranou.

Mercedes a pleuré lorsque ses sacs ont été vidés sur le sol enneigé.

Mercedes plakala, když jí vysypali zavazadla na zasněženou zem.

Elle sanglotait sur chaque objet jeté, un par un, sans pause.

Vzlykala nad každou vyhozenou věcí, jednu po druhé bez přestávky.

Elle jura de ne plus faire un pas de plus, même pas pendant dix Charles.

Přísahala, že neudělá ani krok – ani za deset Charlesů.

Elle a supplié chaque personne à proximité de la laisser garder ses objets précieux.

Prosila každého, kdo byl poblíž, aby jí dovolil si ponechat její cenné věci.

Finalement, elle s'essuya les yeux et commença à jeter même les vêtements essentiels.

Nakonec si otřela oči a začala shazovat i to nejdůležitější oblečení.

Une fois les siennes terminées, elle commença à vider les provisions des hommes.

Když skončila se svými, začala vyprazdňovat zásoby mužů.

Comme un tourbillon, elle a déchiré les affaires de Charles et Hal.

Jako vichřice se prohnala věcmi Charlese a Hala.

Même si la charge était réduite de moitié, elle était encore bien plus lourde que nécessaire.

I když se náklad snížil na polovinu, stále byl mnohem těžší, než bylo potřeba.

Cette nuit-là, Charles et Hal sont sortis et ont acheté six nouveaux chiens.

Té noci si Charles a Hal koupili šest nových psů.

Ces nouveaux chiens ont rejoint les six originaux, plus Teek et Koona.

Tito noví psi se připojili k původní šesti, plus Teek a Koona.

Ensemble, ils formaient une équipe de quatorze chiens attelés au traîneau.

Společně tvořili spřežení čtrnácti psů zapřažených do saní.

Mais les nouveaux chiens n'étaient pas aptes et mal entraînés au travail en traîneau.

Ale noví psi byli nezpůsobilí a špatně vycvičení pro práci se saněmi.

Trois des chiens étaient des pointeurs à poil court et un était un Terre-Neuve.

Tři psi byli krátkosrstí ohaři a jeden byl novofundlanďan.

Les deux derniers chiens étaient des bâtards sans race ni objectif clairement définis.

Poslední dva psi byli mutanti bez jasné rasy ani účelu.

Ils n'ont pas compris le sentier et ne l'ont pas appris rapidement.

Nerozuměli té stezce a nenaučili se ji rychle.

Buck et ses compagnons les regardaient avec mépris et une profonde irritation.

Buck a jeho kamarádi je pozorovali s opovržením a hlubokým podrážděním.

Bien que Buck leur ait appris ce qu'il ne fallait pas faire, il ne pouvait pas leur enseigner le devoir.

Ačkoli je Buck naučil, co se nemá dělat, nemohl je naučit povinnosti.

Ils n'ont pas bien supporté la vie sur les sentiers ni la traction des rênes et des traîneaux.

Nesnášeli dobře jízdu na vlečce ani tah otěží a saní.

Seuls les bâtards essayaient de s'adapter, et même eux manquaient d'esprit combatif.

Pouze kříženci se snažili přizpůsobit, a i těm chyběla bojovnost.

Les autres chiens étaient confus, affaiblis et brisés par leur nouvelle vie.

Ostatní psi byli svým novým životem zmatení, oslabení a zlomení.

Les nouveaux chiens étant désemparés et les anciens épuisés, l'espoir était mince.

S novými psy bezradnými a starými vyčerpanými byla naděje mizivá.

L'équipe de Buck avait parcouru deux mille cinq cents kilomètres de sentiers difficiles.

Buckův tým urazil dvacet pět set mil náročné stezky.

Pourtant, les deux hommes étaient joyeux et fiers de leur grande équipe de chiens.

Přesto byli oba muži veselí a hrdí na svůj velký psí tým.

Ils pensaient voyager avec style, avec quatorze chiens attelés.

Mysleli si, že cestují stylově, se čtrnácti zavázanými psy.

Ils avaient vu des traîneaux partir pour Dawson, et d'autres en arriver.

Viděli saně odjíždět do Dawsonu a další odtud přijíždět.

Mais ils n'en avaient jamais vu un tiré par quatorze chiens.

Ale nikdy neviděli takový, tažený až čtrnácti psy.

Il y avait une raison pour laquelle de telles équipes étaient rares dans la nature sauvage de l'Arctique.

Existoval důvod, proč byly takové týmy v arktické divočině vzácné.

Aucun traîneau ne pouvait transporter suffisamment de nourriture pour nourrir quatorze chiens pendant le voyage.

Žádné sáně by neuvezly dostatek jídla pro čtrnáct psů na celou cestu.

Mais Charles et Hal ne le savaient pas : ils avaient fait le calcul.

Ale Charles a Hal to nevěděli – spočítali si to sami.

Ils ont planifié la nourriture : tant par chien, tant de jours, et c'est fait.

Naplánovali si jídlo: tolik na psa, tolik dní, hotovo.

Mercedes regarda leurs chiffres et hocha la tête comme si cela avait du sens.

Mercedes se podívala na jejich čísla a přikývla, jako by to dávalo smysl.

Tout cela lui semblait très simple, du moins sur le papier.

Všechno se jí zdálo velmi jednoduché, alespoň na papíře.

Le lendemain matin, Buck conduisit lentement l'équipe dans la rue enneigée.

Následujícího rána Buck vedl spřežení pomalu po zasněžené ulici.

Il n'y avait aucune énergie ni aucun esprit en lui ou chez les chiens derrière lui.

Nebyla v něm ani v psech za ním žádná energie ani duch.

Ils étaient épuisés dès le départ, il n'y avait plus de réserve.

Od začátku byli k smrti unavení – nezbývala jim žádná rezerva.

Buck avait déjà effectué quatre voyages entre Salt Water et Dawson.

Buck už podnikl čtyři cesty mezi Salt Water a Dawson.

Maintenant, confronté à nouveau à la même épreuve, il ne ressentait que de l'amertume.

Teď, když znovu stál tváří v tvář téže stezce, necítil nic než hořkost.

Son cœur n'y était pas, ni celui des autres chiens.

Nebylo v tom jeho srdce, stejně jako srdce ostatních psů.

Les nouveaux chiens étaient timides et les huskies manquaient totalement de confiance.

Noví psi byli bázliví a huskyům chyběla veškerá důvěra.

Buck sentait qu'il ne pouvait pas compter sur ces deux hommes ou sur leur sœur.

Buck cítil, že se na tyto dva muže ani na jejich sestru nemůže spolehnout.

Ils ne savaient rien et ne montraient aucun signe d'apprentissage sur le sentier.

Nic nevěděli a na stezce nejevili žádné známky toho, že by se něco učili.

Ils étaient désorganisés et manquaient de tout sens de la discipline.

Byli neorganizovaní a postrádali jakýkoli smysl pro disciplínu.

Il leur fallait à chaque fois la moitié de la nuit pour monter un campement bâclé.

Pokaždé jim trvalo půl noci, než si postavili nedbalý tábor.

Et ils passèrent la moitié de la matinée suivante à tâtonner à nouveau avec le traîneau.

A půlku dalšího rána strávili opět zápasením se saněmi.

À midi, ils s'arrêtaient souvent juste pour réparer la charge inégale.

Do poledne se často zastavovali jen proto, aby opravili nerovnoměrný náklad.

Certains jours, ils parcouraient moins de dix milles au total.

V některé dny urazili celkem méně než deset mil.

D'autres jours, ils ne parvenaient pas du tout à quitter le camp.

Jiné dny se jim vůbec nepodařilo opustit tábor.

Ils n'ont jamais réussi à couvrir la distance alimentaire prévue.

Nikdy se ani zdaleka nepřiblížili plánované vzdálenosti pro udržení potravy.

Comme prévu, ils ont très vite manqué de nourriture pour les chiens.

Jak se dalo očekávat, jídlo pro psy jim došlo velmi rychle.

Ils ont aggravé la situation en les suralimentant au début.

V prvních dnech situaci ještě zhoršili tím, že je překrmovali.

À chaque ration négligée, la famine se rapprochait.

To s každým nedbale vyčerpaným přídělem přibližovalo hlad.

Les nouveaux chiens n'avaient pas appris à survivre avec très peu.

Noví psi se nenaučili přežít s málem.

Ils mangeaient avec faim, avec un appétit trop grand pour le sentier.

Jedli hladově, s chutí k jídlu příliš velkou na to, aby zvládli stezku.

Voyant les chiens s'affaiblir, Hal pensait que la nourriture n'était pas suffisante.

Když Hal viděl, jak psi slábnou, uvěřil, že jídlo nestačí.

Il a doublé les rations, rendant l'erreur encore pire.

Zdvojnásobil dávky, čímž chybu ještě zhoršil.

Mercedes a aggravé le problème avec ses larmes et ses douces supplications.

Mercedes k problému přidala slzy a tiché prosby.

Comme elle n'arrivait pas à convaincre Hal, elle nourrissait les chiens en secret.

Když nedokázala Hala přesvědčit, tajně nakrmila psy.

Elle a volé des sacs de poissons et les leur a donnés dans son dos.

Ukradla z pytlů s rybami a dala jim je za jeho zády.

Mais ce dont les chiens avaient réellement besoin, ce n'était pas de plus de nourriture, mais de repos.

Ale psi doopravdy nepotřebovali více jídla – byl to odpočinek.

Ils progressaient mal, mais le lourd traîneau continuait à avancer.

Jeli špatným časem, ale těžké saně se stále vlekly.

Ce poids à lui seul épuisait chaque jour leurs forces restantes.

Už jen ta tíha jim každý den vysávala zbývající síly.

Puis vint l'étape de la sous-alimentation, les réserves s'épuisant.

Pak přišla fáze podvýživy, protože zásoby docházely.

Un matin, Hal s'est rendu compte que la moitié de la nourriture pour chien avait déjà disparu.

Hal si jednoho rána uvědomil, že polovina psího krmiva už je pryč.

Ils n'avaient parcouru qu'un quart de la distance totale du sentier.

Ušli jen čtvrtinu celkové vzdálenosti stezky.

On ne pouvait plus acheter de nourriture, quel que soit le prix proposé.

Už se nedalo koupit žádné další jídlo, bez ohledu na to, jaká byla nabídnuta cena.

Il a réduit les portions des chiens en dessous de la ration quotidienne standard.

Snížil porce psů pod standardní denní dávku.

Dans le même temps, il a exigé des voyages plus longs pour compenser la perte.

Zároveň požadoval delší cestování, aby ztrátu vynahradil.

Mercedes et Charles ont soutenu ce plan, mais ont échoué dans son exécution.

Mercedes a Charles tento plán podpořili, ale neuskutečnili ho.

Leur lourd traîneau et leur manque de compétences rendaient la progression presque impossible.

Jejich těžké sáně a nedostatek dovedností téměř znemožňovaly postup.

Il était facile de donner moins de nourriture, mais impossible de forcer plus d'efforts.

Bylo snadné dávat méně jídla, ale nemožné vynutit si větší úsilí.

Ils ne pouvaient pas commencer plus tôt, ni voyager pendant des heures supplémentaires.

Nemohli začít brzy, ani nemohli cestovat přesčas.

Ils ne savaient pas comment travailler les chiens, ni eux-mêmes d'ailleurs.

Nevěděli, jak zacházet se psy, a vlastně ani sami se sebou.

Le premier chien à mourir était Dub, le voleur malchanceux mais travailleur.

Prvním psem, který zemřel, byl Dub, nešťastný, ale pracovitý zloděj.

Bien que souvent puni, Dub avait fait sa part sans se plaindre.

Ačkoliv Dub byl často trestán, zvládal svou práci bez stížností.

Son épaule blessée s'est aggravée sans qu'il soit nécessaire de prendre soin de lui et de se reposer.

Jeho zraněné rameno se bez péče a potřeby odpočinku zhoršovalo.

Finalement, Hal a utilisé le revolver pour mettre fin aux souffrances de Dub.

Nakonec Hal použil revolver k ukončení Dubova utrpení.

Un dicton courant dit que les chiens normaux meurent à cause des rations de husky.

Běžné rčení tvrdilo, že normální psi umírají na krmné dávce pro huskyho.

Les six nouveaux compagnons de Buck n'avaient que la moitié de la part de nourriture du husky.

Buckových šest nových společníků mělo jen poloviční podíl jídla, který husky dostává.

Le Terre-Neuve est mort en premier, puis les trois braques à poil court.

Nejdříve uhynul novofundlanďan a poté tři krátkosrstí ohaři.

Les deux bâtards résistèrent plus longtemps mais finirent par périr comme les autres.

Dva kříženci se držely déle, ale nakonec zahynuli stejně jako ostatní.

À cette époque, toutes les commodités et la douceur du Southland avaient disparu.

V této době už veškeré vybavení a laskavost Jihu byly pryč.

Les trois personnes avaient perdu les dernières traces de leur éducation civilisée.

Ti tři lidé se zbavili posledních stop své civilizované výchovy.

Dépouillé de glamour et de romantisme, le voyage dans l'Arctique est devenu brutalement réel.

Zbavené lesku a romantiky se cestování po Arktidě stalo brutálně skutečným.

C'était une réalité trop dure pour leur sens de la virilité et de la féminité.

Byla to realita příliš drsná pro jejich smysl pro mužství a ženství.

Mercedes ne pleurait plus pour les chiens, mais maintenant elle pleurait seulement pour elle-même.

Mercedes už neplakala pro psy, ale teď plakala jen pro sebe.

Elle passait son temps à pleurer et à se disputer avec Hal et Charles.

Trávila čas pláčem a hádkami s Halem a Charlesem.

Se disputer était la seule chose qu'ils n'étaient jamais trop fatigués de faire.

Hádky byly jedinou věcí, na kterou nikdy nebyli příliš unavení.

Leur irritabilité provenait de la misère, grandissait avec elle et la surpassait.

Jejich podrážděnost pramenila z bídy, rostla s ní a překonala ji.

La patience du sentier, connue de ceux qui peinent et souffrent avec bienveillance, n'est jamais venue.

Trpělivost na cestě, známá těm, kdo dřou a trpí s laskavostí, se nikdy nedostavila.

Cette patience, qui garde la parole douce malgré la douleur, leur était inconnue.

Tato trpělivost, která udržuje řeč sladkou i přes bolest, jim byla neznámá.

Ils n'avaient aucune trace de patience, aucune force tirée de la souffrance avec grâce.

Neměli ani špetku trpělivosti, žádnou sílu čerpanou z utrpení s grácií.

Ils étaient raides de douleur : leurs muscles, leurs os et leur cœur étaient douloureux.

Byli ztuhlí bolestí – bolely je svaly, kosti a srdce.

À cause de cela, ils devinrent acerbes et prompts à prononcer des paroles dures.

Kvůli tomu se stali ostrými na jazyk a rychlými v drsných slovech.

Chaque jour commençait et se terminait par des voix en colère et des plaintes amères.

Každý den začínal a končil rozzlobenými hlasy a hořkými stížnostmi.

Charles et Hal se disputaient chaque fois que Mercedes leur en donnait l'occasion.

Charles a Hal se hádali, kdykoli jim Mercedes dala šanci.

Chaque homme estimait avoir fait plus que sa juste part du travail.

Každý muž věřil, že odvedl více práce, než mu náleží.

Aucun des deux n'a jamais manqué une occasion de le dire, encore et encore.

Ani jeden z nich nikdy nepromeškal příležitost to říct, znovu a znovu.

Parfois, Mercedes se rangeait du côté de Charles, parfois du côté de Hal.

Někdy se Mercedes postavila na stranu Charlese, jindy na stranu Hala.

Cela a conduit à une grande et interminable querelle entre les trois.

To vedlo k velké a nekonečné hádce mezi těmi třemi.

Une dispute sur la question de savoir qui devait couper le bois de chauffage est devenue incontrôlable.

Spor o to, kdo by měl kácet dříví, se vymkl kontrole.

Bientôt, les pères, les mères, les cousins et les parents décédés ont été nommés.

Brzy byli jmenováni otcové, matky, bratranci a sestřenice a zemřelí příbuzní.

Les opinions de Hal sur l'art ou les pièces de son oncle sont devenues partie intégrante du combat.

Součástí boje se staly Halovy názory na umění nebo hry jeho strýce.

Les convictions politiques de Charles sont également entrées dans le débat.

Do debaty vstoupily i Charlesovy politické přesvědčení.

Pour Mercedes, même les ragots de la sœur de son mari semblaient pertinents.

Mercedes se dokonce i drby sestry jejího manžela zdály relevantní.

Elle a exprimé son opinion sur ce sujet et sur de nombreux défauts de la famille de Charles.

Vyjádřila své názory na to a na mnoho nedostatků Charlesovy rodiny.

Pendant qu'ils se disputaient, le feu restait éteint et le camp à moitié monté.

Zatímco se hádali, oheň zůstal nezapálený a tábor napůl zapálený.

Pendant ce temps, les chiens restaient froids et sans nourriture.

Mezitím psi zůstali v chladu a bez jídla.

Mercedes avait un grief qu'elle considérait comme profondément personnel.

Mercedes měla k něčemu křivdu, kterou považovala za hluboce osobní.

Elle se sentait maltraitée en tant que femme, privée de ses doux privilèges.

Cítila se špatně zacházeno jako žena, byla jí odepřena její privilegia.

Elle était jolie et douce, et habituée à la chevalerie toute sa vie.

Byla hezká a něžná a celý život zvyklá na rytířství.

Mais son mari et son frère la traitaient désormais avec impatience.

Ale její manžel a bratr se k ní nyní chovali netrpělivě.

Elle avait pour habitude d'agir comme si elle était impuissante, et ils commencèrent à se plaindre.

Měla ve zvyku chovat se bezmocně a oni si začali stěžovat.

Offensée par cela, elle leur rendit la vie encore plus difficile.

Uražená tím jim o to víc ztížila život.

Elle a ignoré les chiens et a insisté pour conduire elle-même le traîneau.

Ignorovala psy a trvala na tom, že se na saních sveze sama.

Bien que légère en apparence, elle pesait cent vingt livres.

Ačkoli byla lehká, vážila sto dvacet liber.

Ce fardeau supplémentaire était trop lourd pour les chiens affamés et faibles.

Ta dodatečná zátěž byla pro hladovějící a slabé psy příliš velká.

Elle a continué à monter pendant des jours, jusqu'à ce que les chiens s'effondrent sous les rênes.

Přesto jela celé dny, dokud se psi nezhroutili pod otěžemi.

Le traîneau s'arrêta et Charles et Hal la supplièrent de marcher.

Sáně se zastavily a Charles s Halem ji prosili, aby šla pěšky.

Ils la supplièrent et la supplièrent, mais elle pleura et les traita de cruels.

Prosili a úpěnlivě žádali, ale ona plakala a nazývala je krutými.

À une occasion, ils l'ont tirée du traîneau avec force et colère.

Jednou ji s velkou silou a vztekem stáhli ze saní.

Ils n'ont plus jamais essayé après ce qui s'est passé cette fois-là.

Po tom, co se tehdy stalo, to už nikdy nezkusili.

Elle devint molle comme un enfant gâté et s'assit dans la neige.

Ochabla jako rozmazlené dítě a sedla si do sněhu.

Ils continuèrent leur chemin, mais elle refusa de se lever ou de les suivre.

Pokračovali dál, ale ona odmítla vstát nebo je následovat.

Après trois milles, ils s'arrêtèrent, revinrent et la ramenèrent.

Po třech mílích se zastavili, vrátili se a odnesli ji zpět.

Ils l'ont rechargée sur le traîneau, en utilisant encore une fois la force brute.

Znovu ji naložili na saně, opět s použitím hrubé síly.

Dans leur profonde misère, ils étaient insensibles à la souffrance des chiens.

Ve svém hlubokém neštěstí byli k utrpení psů bezcitní.

Hal croyait qu'il fallait s'endurcir et il a imposé cette croyance aux autres.

Hal věřil, že člověk se musí zatvrdit, a vnucoval tuto víru ostatním.

Il a d'abord essayé de prêcher sa philosophie à sa sœur

Nejprve se pokusil kázat svou filozofii své sestře

et puis, sans succès, il prêcha à son beau-frère.

a pak bez úspěchu kázal svému švagrovi.

Il a eu plus de succès avec les chiens, mais seulement parce qu'il leur a fait du mal.

S psy měl větší úspěch, ale jen proto, že jim ubližoval.

Chez Five Fingers, la nourriture pour chiens est complètement épuisée.

V obchodě Five Fingers došlo krmivo pro psy úplně.

Une vieille squaw édentée a vendu quelques kilos de peau de cheval congelée

Bezzubá stará žena prodala pár liber zmrzlé koňské kůže

Hal a échangé son revolver contre la peau de cheval séchée.

Hal vyměnil revolver za sušenou koňskou kůži.

La viande provenait de chevaux affamés d'éleveurs de bétail des mois auparavant.

Maso pocházelo od vyhladovělých koní chovatelů dobytka před měsíci.

Gelée, la peau était comme du fer galvanisé ; dure et immangeable.

Zmrzlá kůže byla jako pozinkované železo; tuhá a nepoživatelná.

Les chiens devaient mâcher la peau sans fin pour la manger.

Psi museli kůži donekonečna okusovat, aby ji snědli.

Mais les cordes en cuir et les cheveux courts n'étaient guère une nourriture.

Ale kožené vlákna a krátké vlasy sotva mohly být potravou.

La majeure partie de la peau était irritante et ne constituait pas véritablement de la nourriture.

Většina kůže byla dráždivá a v pravém slova smyslu to nebylo jídlo.

Et pendant tout ce temps, Buck titubait en tête, comme dans un cauchemar.

A během toho všeho se Buck vpředu potácel jako v noční můře.

Il tirait quand il le pouvait ; quand il ne le pouvait pas, il restait allongé jusqu'à ce qu'un fouet ou un gourdin le relève.

Kdykoli mohl, táhl; když ne, ležel, dokud ho bič nebo kyj nezvedli.

Son pelage fin et brillant avait perdu toute sa rigidité et son éclat d'autrefois.

Jeho jemná, lesklá srst ztratila veškerou tuhost a lesk, které kdysi měla.

Ses cheveux pendaient, mous, en bataille et coagulés par le sang séché des coups.

Vlasy mu visely zplihlé, rozcuchané a sražené zaschlou krví z úderů.

Ses muscles se sont réduits à l'état de cordes et ses coussinets de chair étaient tous usés.

Jeho svaly se scvrkly na provazce a jeho kožní polštářky byly všechny odřené.

Chaque côte, chaque os apparaissait clairement à travers les plis de la peau ridée.

Každé žebro, každá kost jasně vykukovala skrz záhyby vrásčité kůže.

C'était déchirant, mais le cœur de Buck ne pouvait pas se briser.

Bylo to srdcervoucí, ale Buckovi se srdce zlomit nemohlo.

L'homme au pull rouge avait testé cela et l'avait prouvé il y a longtemps.

Muž v červeném svetru si to už dávno vyzkoušel a dokázal.

Comme ce fut le cas pour Buck, ce fut le cas pour tous ses coéquipiers restants.

Stejně jako to bylo s Buckem, tak to bylo i se všemi jeho zbývajícími spoluhráči.

Il y en avait sept au total, chacun étant un squelette ambulant de misère.

Bylo jich celkem sedm, každý z nich byl chodící kostrou utrpení.

Ils étaient devenus insensibles au fouet, ne ressentant qu'une douleur lointaine.

Ztuhli k úderům bičem a cítili jen vzdálenou bolest.

Même la vue et le son leur parvenaient faiblement, comme à travers un épais brouillard.

Dokonce i zrak a zvuk k nim doléhaly slabě, jako by skrz hustou mlhu.

Ils n'étaient pas à moitié vivants : c'étaient des os avec de faibles étincelles à l'intérieur.

Nebyly napůl živé – byly to kosti s matnými jiskrami uvnitř.

Lorsqu'ils s'arrêtèrent, ils s'effondrèrent comme des cadavres, leurs étincelles presque éteintes.

Když se zastavili, zhroutili se jako mrtvoly, jejich jiskry téměř vyhasly.

Et lorsque le fouet ou le gourdin frappaient à nouveau, les étincelles voltigeaient faiblement.

A když bič nebo kyj udeřil znovu, jiskry slabě zachvěly.

Puis ils se levèrent, titubèrent en avant et traînèrent leurs membres en avant.

Pak se zvedli, potáceli se vpřed a táhli končetiny vpřed.

Un jour, le gentil Billee tomba et ne put plus se relever du tout.

Jednoho dne laskavý Billee spadl a už se vůbec nemohl zvednout.

Hal avait échangé son revolver, alors il a utilisé une hache pour tuer Billee à la place.

Hal vyměnil svůj revolver, a tak místo toho zabil Billeeho sekerou.

Il le frappa à la tête, puis lui coupa le corps et le traîna.

Udeřil ho do hlavy, pak mu rozřízl tělo a odtáhl ho pryč.

Buck vit cela, et les autres aussi ; ils savaient que la mort était proche.

Buck to viděl a ostatní také; věděli, že smrt je blízko.

Le lendemain, Koona partit, ne laissant que cinq chiens dans l'équipe affamée.

Druhý den Koona odešla a v hladovějícím spřežení zůstalo jen pět psů.

Joe, qui n'était plus méchant, était trop loin pour se rendre compte de quoi que ce soit.

Joe, už ne zlý, byl příliš daleko na to, aby si vůbec něčeho všímal.

Pike, ne faisant plus semblant d'être blessé, était à peine conscient.

Pike, který už nepředstíral své zranění, byl sotva při vědomí.

Solleks, toujours fidèle, se lamentait de ne plus avoir de force à donner.

Solleks, stále věrný, truchlil nad tím, že nemá sílu dát.

Teek a été le plus battu parce qu'il était plus frais, mais qu'il s'estompait rapidement.

Teek byl nejvíc poražen, protože byl svěžejší, ale rychle slábl.

Et Buck, toujours en tête, ne maintenait plus l'ordre ni ne le faisait respecter.

A Buck, stále v čele, už neudržoval pořádek ani ho nevymáhal.

À moitié aveugle à cause de sa faiblesse, Buck suivit la piste au toucher seul.

Napůl slepý slabostí Buck šel po stopě jen hmatem.

C'était un beau temps printanier, mais aucun d'entre eux ne l'a remarqué.

Bylo krásné jarní počasí, ale nikdo z nich si toho nevšiml.

Chaque jour, le soleil se levait plus tôt et se couchait plus tard qu'avant.

Každý den slunce vycházelo dříve a zapadalo později než předtím.

À trois heures du matin, l'aube était arrivée ; le crépuscule durait jusqu'à neuf heures.

Ve tři hodiny ráno se rozednilo; soumrak trval do devíti.

Les longues journées étaient remplies du plein soleil printanier.

Dlouhé dny byly naplněny zářivým jarním sluncem.

Le silence fantomatique de l'hiver s'était transformé en un murmure chaleureux.

Přízračné ticho zimy se změnilo v teplý šum.

Toute la terre s'éveillait, animée par la joie des êtres vivants.

Celá země se probouzela, ožívala radostí živých tvorů.

Le bruit provenait de ce qui était resté mort et immobile pendant l'hiver.

Zvuk vycházel z toho, co leželo mrtvé a nehybné přes zimu.

Maintenant, ces choses bougeaient à nouveau, secouant le long sommeil de gel.

Teď se ty věci znovu pohnuly a setřásly dlouhý mrazivý spánek.

La sève montait à travers les troncs sombres des pins en attente.

Míza stoupala z tmavých kmenů čekajících borovic.

Les saules et les trembles font apparaître de jeunes bourgeons brillants sur chaque brindille.

Vrby a osiky na každé větvičce raší zářivé mladé pupeny.

Les arbustes et les vignes se parent d'un vert frais tandis que les bois prennent vie.

Keře a vinná réva se svěže zazelenaly, jak lesy ožívaly.

Les grillons chantaient la nuit et les insectes rampaient au soleil.

V noci štěbetali cvrčci a v denním slunci se hemžil hmyz.

Les perdrix résonnaient et les pics frappaient profondément dans les arbres.

Koroptve duněly a datli klepali hluboko ve stromech.

Les écureuils bavardaient, les oiseaux chantaient et les oies klaxonnaient au-dessus des chiens.

Veverky štěbetaly, ptáci zpívali a husy kvílely nad psy.

Les oiseaux sauvages arrivaient en groupes serrés, volant vers le haut depuis le sud.

Divoké ptactvo se slétalo v ostrých klínech od jihu.

De chaque colline venait la musique des ruisseaux cachés et impétueux.

Z každého svahu se linula hudba skrytých, zurčících potoků.

Toutes choses ont dégelé et se sont brisées, se sont pliées et ont repris leur mouvement.

Všechno rozmrzlo, prasklo, ohnulo se a znovu se dalo do pohybu.

Le Yukon s'efforçait de briser les chaînes de froid de la glace gelée.

Yukon se napínal, aby prolomil chladné řetězy zmrzlého ledu.

La glace fondait en dessous, tandis que le soleil la faisait fondre par le dessus.

Led se roztál zespodu, zatímco slunce ho roztápělo shora.

Des trous d'aération se sont ouverts, des fissures se sont propagées et des morceaux sont tombés dans la rivière.

Otevřely se větrací otvory, rozšířily se praskliny a kusy padaly do řeky.

Au milieu de toute cette vie débordante et flamboyante, les voyageurs titubaient.

Uprostřed všeho toho kypícího a planoucího života se cestovatelé potáceli.

Deux hommes, une femme et une meute de huskies marchaient comme des morts.

Dva muži, žena a smečka huskyů kráčeli jako mrtví.

Les chiens tombaient, Mercedes pleurait, mais continuait à conduire le traîneau.

Psi padali, Mercedes plakala, ale stále jela na saních.

Hal jura faiblement et Charles cligna des yeux à travers ses yeux larmoyants.

Hal slabě zaklel a Charles zamrkal slzavýma očima.

Ils tombèrent sur le camp de John Thornton à l'embouchure de la rivière White.

Narazili na tábor Johna Thorntona u ústí Bílé řeky.

Lorsqu'ils s'arrêtèrent, les chiens s'effondrèrent, comme s'ils étaient tous morts.

Když se zastavili, psi padli na zem, jako by byli všichni zasaženi smrtí.

Mercedes essuya ses larmes et regarda John Thornton.

Mercedes si utřela slzy a pohlédla na Johna Thorntona.

Charles s'assit sur une bûche, lentement et raidement, souffrant du sentier.

Karel seděl na kládě, pomalu a ztuhle, bolelo ho od bolesti z cesty.

Hal parlait pendant que Thornton sculptait l'extrémité d'un manche de hache.

Hal mluvil, zatímco Thornton vyřezával konec rukojeti sekery.

Il taillait du bois de bouleau et répondait par des réponses brèves et fermes.

Řezal březové dřevo a odpovídal krátkými, pevnými odpověďmi.

Lorsqu'on lui a demandé son avis, il a donné des conseils, certain qu'ils ne seraient pas suivis.

Když byl požádán, dal radu, ale byl si jistý, že se jí nebude řídit.

Hal a expliqué : « Ils nous ont dit que la glace du sentier disparaissait. »

Hal vysvětlil: „Řekli nám, že se led na stezce uvolňuje."

« Ils ont dit que nous devions rester sur place, mais nous sommes arrivés à White River. »

„Říkali, že máme zůstat tady – ale do White River jsme se dostali."

Il a terminé sur un ton moqueur, comme pour crier victoire dans les difficultés.

Skončil posměšným tónem, jako by si chtěl prohlásit vítězství v těžkostech.

« Et ils t'ont dit la vérité », répondit doucement John Thornton à Hal.

„A říkali ti pravdu," odpověděl John Thornton Halovi tiše.

« La glace peut céder à tout moment, elle est prête à tomber. »

„Led může každou chvíli povolit – je připravený odpadnout."

« Seuls un peu de chance et des imbéciles ont pu arriver jusqu'ici en vie. »

„Jen slepé štěstí a blázni se mohli dostat tak daleko přeživší."

« Je vous le dis franchement, je ne risquerais pas ma vie pour tout l'or de l'Alaska. »

„Říkám ti rovnou, neriskoval bych život ani za všechno aljašské zlato."

« C'est parce que tu n'es pas un imbécile, je suppose », répondit Hal.

„To je asi proto, že nejsi hlupák," odpověděl Hal.

« Tout de même, nous irons à Dawson. » Il déroula son fouet.

„Stejně tak půjdeme do Dawsonu." Rozvinul bič.

« Monte là-haut, Buck ! Salut ! Debout ! Vas-y ! » cria-t-il durement.

„Vylez nahoru, Bucku! Nazdar! Vstaň! No tak!" křičel drsně.

Thornton continuait à tailler, sachant que les imbéciles n'entendraient pas la raison.

Thornton dál řezbářil, protože věděl, že hlupáci na rozum neposlouchají.

Arrêter un imbécile était futile, et deux ou trois imbéciles ne changeaient rien.

Zastavit hlupáka bylo marné – a dva nebo tři hlupáci nic nezměnili.

Mais l'équipe n'a pas bougé au son de l'ordre de Hal.

Ale tým se na zvuk Halova rozkazu nepohnul.

Désormais, seuls les coups pouvaient les faire se relever et avancer.

V tuto chvíli je mohly zvednout a posunout vpřed už jen údery.

Le fouet claquait encore et encore sur les chiens affaiblis.

Bič znovu a znovu šlehal po zesláblých psech.

John Thornton serra fermement ses lèvres et regarda en silence.

John Thornton pevně stiskl rty a mlčky se díval.

Solleks fut le premier à se relever sous le fouet.

Solleks se pod bičem jako první doplazil na nohy.

Puis Teek le suivit, tremblant. Joe poussa un cri en se relevant.

Pak ho následoval třesoucí se Teek. Joe vykřikl, když se vyškrábal.

Pike a essayé de se relever, a échoué deux fois, puis est finalement resté debout, chancelant.

Pike se pokusil vstát, dvakrát selhal a pak se konečně nejistě postavil.

Mais Buck resta là où il était tombé, sans bouger du tout cette fois.

Ale Buck ležel tam, kde padl, tentokrát se vůbec nehýbal.

Le fouet le frappait à plusieurs reprises, mais il ne faisait aucun bruit.

Bič ho sekl znovu a znovu, ale on nevydal ani hlásku.

Il n'a pas bronché ni résisté, il est simplement resté immobile et silencieux.

Neuhnul ani se nebránil, prostě zůstal nehybný a tichý.

Thornton remua plus d'une fois, comme pour parler, mais ne le fit pas.

Thornton se několikrát pohnul, jako by chtěl promluvit, ale neudělal to.

Ses yeux s'humidifièrent, et le fouet continuait à claquer contre Buck.

Oči mu zvlhly a bič stále práskal do Bucka.

Finalement, Thornton commença à marcher lentement, ne sachant pas quoi faire.

Konečně se Thornton začal pomalu procházet sem a tam, nejistý si, co má dělat.

C'était la première fois que Buck échouait, et Hal devint furieux.

Bylo to poprvé, co Buck selhal, a Hal se rozzuřil.

Il a jeté le fouet et a pris la lourde massue à la place.

Odhodil bič a místo toho zvedl těžký kyj.

Le gourdin en bois s'abattit violemment, mais Buck ne se releva toujours pas pour bouger.

Dřevěná kyj tvrdě dopadla, ale Buck se stále nezvedl, aby se pohnul.

Comme ses coéquipiers, il était trop faible, mais plus que cela.

Stejně jako jeho spoluhráči byl příliš slabý – ale víc než to.

Buck avait décidé de ne pas bouger, quoi qu'il arrive.

Buck se rozhodl, že se nepohne, ať se stane cokoli.

Il sentait quelque chose de sombre et de certain planer juste devant lui.

Cítil, jak se před ním vznáší něco temného a jistého.

Cette peur l'avait saisi dès qu'il avait atteint la rive du fleuve.

Ta hrůza ho zmocnila, jakmile dorazil na břeh řeky.

Cette sensation ne l'avait pas quitté depuis qu'il sentait la glace s'amincir sous ses pattes.

Ten pocit ho neopustil od chvíle, kdy cítil, jak je led pod jeho tlapkami tenký.

Quelque chose de terrible l'attendait – il le sentait juste au bout du sentier.

Čekalo na něj něco hrozného – cítil to hned za ním.

Il n'allait pas marcher vers cette terrible chose devant lui.

Neměl v úmyslu jít k té hrozné věci před sebou.

Il n'allait pas obéir à un quelconque ordre qui le conduirait à cette chose.

Nehodlán poslechnout žádný rozkaz, který by ho k té věci dovedl.

La douleur des coups ne l'atteignait plus guère, il était trop loin.

Bolest z ran se ho teď sotva dotýkala – byl už příliš daleko.

L'étincelle de vie vacillait faiblement, s'affaiblissant sous chaque coup cruel.

Jiskra života slabě mihotala, ztlumená pod každým krutým úderem.

Ses membres semblaient lointains ; tout son corps semblait appartenir à un autre.

Jeho končetiny se zdály vzdálené; celé jeho tělo jako by patřilo někomu jinému.

Il ressentit un étrange engourdissement alors que la douleur disparaissait complètement.

Pocítil zvláštní necitlivost, když bolest úplně odezněla.

De loin, il sentait qu'il était battu, mais il le savait à peine.

Z dálky cítil, že je bitý, ale sotva si to uvědomoval.

Il pouvait entendre les coups sourds faiblement, mais ils ne faisaient plus vraiment mal.

Slabě slyšel ty dunivé údery, ale už ho doopravdy nebolely.

Les coups ont porté, mais son corps ne semblait plus être le sien.

Údery dopadaly, ale jeho tělo už nepřipadalo jako jeho vlastní.

Puis, soudain, sans prévenir, John Thornton poussa un cri sauvage.

Pak náhle, bez varování, John Thornton divokým výkřikem vyrazil.

C'était inarticulé, plus le cri d'une bête que celui d'un homme.

Bylo to nesrozumitelné, spíše křik zvířete než člověka.

Il sauta sur l'homme avec la massue et renversa Hal en arrière.

Skočil na muže s obuškem a srazil Hala dozadu.

Hal vola comme s'il avait été frappé par un arbre, atterrissant durement sur le sol.

Hal letěl, jako by ho srazil strom, a tvrdě přistál na zemi.

Mercedes a crié de panique et s'est agrippée au visage.

Mercedes hlasitě vykřikla panikou a chytila se za obličej.

Charles se contenta de regarder, s'essuya les yeux et resta assis.

Karel se jen díval, otřel si oči a zůstal sedět.

Son corps était trop raide à cause de la douleur pour se lever ou aider au combat.

Jeho tělo bylo příliš ztuhlé bolestí, než aby se mohl zvednout nebo pomoci v boji.

Thornton se tenait au-dessus de Buck, tremblant de fureur, incapable de parler.

Thornton stál nad Buckem, třásl se vzteky a nebyl schopen promluvit.

Il tremblait de rage et luttait pour trouver sa voix à travers elle.

Třásl se vzteky a snažil se skrz ně najít hlas.

« Si tu frappes encore ce chien, je te tue », dit-il finalement.

„Jestli toho psa udeříš ještě jednou, zabiju tě," řekl nakonec.

Hal essuya le sang de sa bouche et s'avança à nouveau.

Hal si setřel krev z úst a znovu přistoupil.

« C'est mon chien », murmura-t-il. « Dégage, ou je te répare. »

„To je můj pes," zamumlal. „Uhni mi z cesty, nebo tě napravím."

« Je vais à Dawson, et vous ne m'en empêcherez pas », a-t-il ajouté.

„Jedu do Dawsonu a ty mě nezastavíš," dodal.

Thornton se tenait fermement entre Buck et le jeune homme en colère.

Thornton stál pevně mezi Buckem a rozzlobeným mladíkem.

Il n'avait aucune intention de s'écarter ou de laisser passer Hal.

Neměl v úmyslu ustoupit stranou ani nechat Hala projít.

Hal sortit son couteau de chasse, long et dangereux à la main.

Hal vytáhl svůj lovecký nůž, dlouhý a nebezpečný v ruce.

Mercedes a crié, puis pleuré, puis ri dans une hystérie sauvage.

Mercedes křičela, pak plakala a pak se divoce hystericky smála.

Thornton frappa la main de Hal avec le manche de sa hache, fort et vite.

Thornton udeřil Hala do ruky násadou sekery, silně a rychle.

Le couteau s'est détaché de la main de Hal et a volé au sol.

Nůž Halovi vypadl z rukou a odletěl na zem.

Hal essaya de ramasser le couteau, et Thornton frappa à nouveau ses jointures.

Hal se pokusil zvednout nůž a Thornton si znovu zabušil do klouby prstů.

Thornton se baissa alors, attrapa le couteau et le tint.

Pak se Thornton sehnul, popadl nůž a držel ho.

D'un coup rapide de manche de hache, il coupa les rênes de Buck.

Dvěma rychlými údery rukojetí sekery přeřízl Buckovi otěže.

Hal n'avait plus aucune résistance et s'éloigna du chien.

Hal v sobě nezbývala žádná bojovnost a ustoupil od psa.

De plus, Mercedes avait désormais besoin de ses deux bras pour se maintenir debout.

Kromě toho teď Mercedes potřebovala obě paže, aby se udržela ve vzpřímené poloze.

Buck était trop proche de la mort pour pouvoir à nouveau tirer un traîneau.

Buck byl příliš blízko smrti, než aby mohl znovu táhnout sáně.

Quelques minutes plus tard, ils se sont retirés et ont descendu la rivière.

O pár minut později vyjeli a zamířili dolů po řece.

Buck leva faiblement la tête et les regarda quitter la banque.

Buck slabě zvedl hlavu a sledoval, jak odcházejí z banky.

Pike a mené l'équipe, avec Solleks à l'arrière dans la roue.

Pike vedl tým, Solleks byl vzadu na místě volantu.

Joe et Teek marchaient entre eux, tous deux boitant d'épuisement.

Joe a Teek šli mezi nimi, oba kulhali vyčerpáním.

Mercedes s'assit sur le traîneau et Hal saisit le long mât.

Mercedes seděla na saních a Hal se držel dlouhé tyče.

Charles trébuchait derrière, ses pas maladroits et incertains.

Karel se klopýtal za nimi, jeho kroky byly neohrabané a nejisté.

Thornton s'agenouilla près de Buck et chercha doucement des os cassés.

Thornton klekl vedle Bucka a jemně hledal zlomené kosti.

Ses mains étaient rudes mais bougeaient avec gentillesse et attention.

Jeho ruce byly drsné, ale pohybovaly se s laskavostí a péčí.

Le corps de Buck était meurtri mais ne présentait aucune blessure durable.

Buckovo tělo bylo pohmožděné, ale nevykazovalo žádná trvalá zranění.

Ce qui restait, c'était une faim terrible et une faiblesse quasi totale.

Zůstal jen hrozný hlad a téměř totální slabost.

Au moment où cela fut clair, le traîneau était déjà loin en aval.

Než se to vyjasnilo, saně už byly daleko po proudu.

L'homme et le chien regardaient le traîneau ramper lentement sur la glace fissurée.

Muž a pes sledovali, jak se sáně pomalu plazí po praskajícím ledu.

Puis, ils virent le traîneau s'enfoncer dans un creux.

Pak viděli, jak se saně propadají do prohlubně.

Le mât s'est envolé, Hal s'y accrochant toujours en vain.

Tyč vyletěla vzhůru a Hal se jí stále marně držel.

Le cri de Mercedes les atteignit à travers la distance froide.

Mercedesin výkřik k nim dolehl přes chladnou dálku.

Charles se retourna et recula, mais il était trop tard.

Karel se otočil a ustoupil – ale bylo už pozdě.

Une calotte glaciaire entière a cédé et ils sont tous tombés à travers.

Celý ledový příkrov se propadl a všichni se skrz něj propadli.

Les chiens, le traîneau et les gens ont disparu dans l'eau noire en contrebas.

Psi, saně a lidé zmizeli v černé vodě pod nimi.

Il ne restait qu'un large trou dans la glace là où ils étaient passés.

V místě, kudy prošli, zbyla v ledu jen široká díra.

Le fond du sentier s'était affaissé, comme Thornton l'avait prévenu.

Dno stezky se propadlo – přesně jak Thornton varoval.

Thornton et Buck se regardèrent, silencieux pendant un moment.

Thornton a Buck se na sebe podívali a na okamžik zmlkli.

« Pauvre diable », dit doucement Thornton, et Buck lui lécha la main.

„Ty ubohý ďáblíku," řekl Thornton tiše a Buck mu olízl ruku.

Pour l'amour d'un homme
Z lásky k muži

John Thornton s'est gelé les pieds dans le froid du mois de décembre précédent.
Johnu Thorntonovi loni v prosinci omrzly nohy.

Ses partenaires l'ont mis à l'aise et l'ont laissé se rétablir seul.
Jeho partneři ho uklidnili a nechali ho, aby se zotavil samotného.

Ils remontèrent la rivière pour rassembler un radeau de billes de bois pour Dawson.
Vydali se proti proudu řeky, aby nashromáždili vor řezacích klád pro Dawsona.

Il boitait encore légèrement lorsqu'il a sauvé Buck de la mort.
Když zachránil Bucka před smrtí, stále mírně kulhal.

Mais avec le temps chaud qui continue, même cette boiterie a disparu.
Ale s pokračujícím teplým počasím i to kulhání zmizelo.

Allongé au bord de la rivière pendant les longues journées de printemps, Buck se reposait.
Buck odpočíval během dlouhých jarních dnů na břehu řeky.

Il regardait l'eau couler et écoutait les oiseaux et les insectes.
Pozoroval tekoucí vodu a poslouchal ptáky a hmyz.

Lentement, Buck reprit ses forces sous le soleil et le ciel.
Buck pod sluncem a oblohou pomalu nabýval na síle.

Un repos merveilleux après avoir parcouru trois mille kilomètres.
Odpočinek po ujetých třech tisících mil byl úžasný.

Buck est devenu paresseux à mesure que ses blessures guérissaient et que son corps se remplissait.
Buck se stal líným, jak se mu hojily rány a tělo se mu vyplňovalo.

Ses muscles se raffermirent et la chair revint recouvrir ses os.
Jeho svaly zpevnily a maso se vrátilo, aby mu pokrylo kosti.

Ils se reposaient tous : Buck, Thornton, Skeet et Nig.

Všichni odpočívali – Buck, Thornton, Skeet a Nig.

Ils attendaient le radeau qui allait les transporter jusqu'à Dawson.

Čekali na vor, který je měl dopravit dolů do Dawsonu.

Skeet était un petit setter irlandais qui s'est lié d'amitié avec Buck.

Skeet byl malý irský setr, který se spřátelil s Buckem.

Buck était trop faible et malade pour lui résister lors de leur première rencontre.

Buck byl příliš slabý a nemocný, aby jí při jejich prvním setkání odolal.

Skeet avait le trait de guérisseur que certains chiens possèdent naturellement.

Skeet měl léčitelskou vlastnost, kterou někteří psi přirozeně mají.

Comme une mère chatte, elle lécha et nettoya les blessures à vif de Buck.

Jako kočičí matka olizovala a čistila Buckovy odřené rány.

Chaque matin, après le petit-déjeuner, elle répétait son travail minutieux.

Každé ráno po snídani opakovala svou pečlivou práci.

Buck s'attendait à son aide autant qu'à celle de Thornton.

Buck očekával její pomoc stejně jako Thorntonovu.

Nig était également amical, mais moins ouvert et moins affectueux.

Nig byl také přátelský, ale méně otevřený a méně láskyplný.

Nig était un gros chien noir, à la fois chien de Saint-Hubert et chien de chasse.

Nig byl velký černý pes, zčásti krveprolití a zčásti jelení pes.

Il avait des yeux rieurs et une infinie bonne nature dans son esprit.

Měl smějící se oči a v duši nekonečnou dobrosrdečnost.

À la surprise de Buck, aucun des deux chiens n'a montré de jalousie envers lui.

K Buckovu překvapení ani jeden pes na něj neprojevoval žárlivost.

Skeet et Nig ont tous deux partagé la gentillesse de John Thornton.

Skeet i Nig sdíleli laskavost Johna Thorntona.

À mesure que Buck devenait plus fort, ils l'ont attiré dans des jeux de chiens stupides.

Jak Buck sílil, lákali ho do hloupých psích her.

Thornton jouait souvent avec eux aussi, incapable de résister à leur joie.

Thornton si s nimi také často hrál, protože nemohl odolat jejich radosti.

De cette manière ludique, Buck est passé de la maladie à une nouvelle vie.

Touto hravou formou se Buck přenesl z nemoci do nového života.

L'amour – un amour véritable, brûlant et passionné – était enfin à lui.

Láska – pravá, planoucí a vášnivá láska – konečně patřila jeho.

Il n'avait jamais connu ce genre d'amour dans le domaine de Miller.

Na Millerově panství nikdy nepoznal takovou lásku.

Avec les fils du juge, il avait partagé le travail et l'aventure.

Se soudcovými syny sdílel práci i dobrodružství.

Chez les petits-fils, il vit une fierté raide et vantarde.

U vnuků viděl strnulou a chvástavou pýchu.

Il entretenait avec le juge Miller lui-même une amitié respectueuse.

Se samotným soudcem Millerem ho pojímalo uctivé přátelství.

Mais l'amour qui était feu, folie et adoration est venu avec Thornton.

Ale s Thorntonem přišla láska, která byla ohněm, šílenstvím a uctíváním.

Cet homme avait sauvé la vie de Buck, et cela seul signifiait beaucoup.

Tento muž zachránil Buckovi život a už jen to samo o sobě hodně znamenalo.

Mais plus que cela, John Thornton était le type de maître idéal.

Ale víc než to, John Thornton byl ideálním typem mistra.

D'autres hommes s'occupaient de chiens par devoir ou par nécessité professionnelle.

Jiní muži se o psy starali z povinnosti nebo pracovní nutnosti.

John Thornton prenait soin de ses chiens comme s'ils étaient ses enfants.

John Thornton se o své psy staral, jako by to byly jeho děti.

Il prenait soin d'eux parce qu'il les aimait et qu'il ne pouvait tout simplement pas s'en empêcher.

Staral se o ně, protože je miloval a prostě si nemohl pomoct.

John Thornton a vu encore plus loin que la plupart des hommes n'ont jamais réussi à voir.

John Thornton viděl ještě dál, než většina mužů kdy dokázala vidět.

Il n'oubliait jamais de les saluer gentiment ou de leur adresser un mot d'encouragement.

Nikdy nezapomněl je vlídně pozdravit nebo pronést povzbudivé slovo.

Il adorait s'asseoir avec les chiens pour de longues conversations, ou « gazeuses », comme il disait.

Miloval dlouhé rozhovory se psy, nebo jak říkal, „nadýmání".

Il aimait saisir brutalement la tête de Buck entre ses mains fortes.

Rád Buckovi hrubě svíral hlavu svýma silnýma rukama.

Puis il posa sa tête contre celle de Buck et le secoua doucement.

Pak si opřel hlavu o Buckovu a jemně s ní zatřásl.

Pendant tout ce temps, il traitait Buck de noms grossiers qui signifiaient de l'amour pour Buck.

Celou dobu Buckovi nadával sprostými jmény, která pro Bucka znamenala lásku.

Pour Buck, cette étreinte brutale et ces mots ont apporté une joie profonde.

Buckovi to drsné objetí a ta slova přinesly hlubokou radost.

Son cœur semblait se déchaîner de bonheur à chaque mouvement.

Zdálo se, že se mu srdce při každém pohybu uvolňuje štěstím.

Lorsqu'il se releva ensuite, sa bouche semblait rire.

Když potom vyskočil, jeho ústa vypadala, jako by se smála.

Ses yeux brillaient et sa gorge tremblait d'une joie inexprimée.

Oči mu jasně zářily a hrdlo se mu třáslo nevyslovenou radostí.

Son sourire resta figé dans cet état d'émotion et d'affection rayonnante.

Jeho úsměv v tom stavu emocí a zářící náklonnosti nehybně stával.

Thornton s'exclama alors pensivement : « Mon Dieu ! Il peut presque parler ! »

Pak Thornton zamyšleně zvolal: „Bože! Vždyť už skoro umí mluvit!"

Buck avait une étrange façon d'exprimer son amour qui causait presque de la douleur.

Buck měl zvláštní způsob vyjadřování lásky, který mu málem způsoboval bolest.

Il serrait souvent très fort la main de Thornton entre ses dents.

Často velmi pevně svíral Thorntonovu ruku v zubech.

La morsure allait laisser des marques profondes qui resteraient un certain temps après.

Kousnutí mělo zanechat hluboké stopy, které zůstaly ještě nějakou dobu poté.

Buck croyait que ces serments étaient de l'amour, et Thornton savait la même chose.

Buck věřil, že ty přísahy jsou láska, a Thornton věděl totéž.

Le plus souvent, l'amour de Buck se manifestait par une adoration silencieuse, presque silencieuse.

Buckova láska se nejčastěji projevovala v tichém, téměř němém zbožňování.

Bien qu'il soit ravi lorsqu'on le touche ou qu'on lui parle, il ne cherche pas à attirer l'attention.

Ačkoli byl nadšený, když se ho někdo dotkl nebo na něj oslovil, nevyhledával pozornost.

Skeet a poussé son nez sous la main de Thornton jusqu'à ce qu'il la caresse.

Skeet strčila čumákem pod Thorntonovu ruku, dokud ji nepohladil.

Nig s'approcha tranquillement et posa sa grosse tête sur le genou de Thornton.

Nig tiše přistoupil a položil svou velkou hlavu na Thorntonovo koleno.

Buck, au contraire, se contentait d'aimer à distance respectueuse.

Buck se naopak spokojil s láskou projevovanou z uctivé vzdálenosti.

Il resta allongé pendant des heures aux pieds de Thornton, alerte et observant attentivement.

Hodiny ležel Thorntonovi u nohou, bdělý a bedlivě sledoval.

Buck étudiait chaque détail du visage de son maître et le moindre mouvement.

Buck studoval každý detail tváře svého pána a jeho sebemenší pohyb.

Ou bien il était allongé plus loin, étudiant la silhouette de l'homme en silence.

Nebo ležel dál a mlčky studoval mužovu postavu.

Buck observait chaque petit mouvement, chaque changement de posture ou de geste.

Buck sledoval každý malý pohyb, každou změnu postoje nebo gesta.

Ce lien était si puissant qu'il attirait souvent le regard de Thornton.

Toto spojení bylo tak silné, že často přitahovalo Thorntonův pohled.

Il rencontra les yeux de Buck sans un mot, l'amour brillant clairement à travers.

Beze slov se setkal s Buckovým pohledem, z něhož jasně zářila láska.

Pendant longtemps après avoir été sauvé, Buck n'a jamais laissé Thornton hors de vue.

Dlouho poté, co byl Buck zachráněn, nespustil Thorntona z dohledu.

Chaque fois que Thornton quittait la tente, Buck le suivait de près à l'extérieur.

Kdykoli Thornton opustil stan, Buck ho těsně následoval ven.

Tous les maîtres sévères du Northland avaient fait que Buck avait peur de faire confiance.

Všichni ti drsní páni na Severu Bucka zastrašili a zbavili ho důvěry.

Il craignait qu'aucun homme ne puisse rester son maître plus d'un court instant.

Bál se, že žádný muž nemůže zůstat jeho pánem déle než krátkou dobu.

Il craignait que John Thornton ne disparaisse comme Perrault et François.

Bál se, že John Thornton zmizí jako Perrault a François.

Même la nuit, la peur de le perdre hantait le sommeil agité de Buck.

I v noci pronásledoval Buckův neklidný spánek strach ze ztráty.

Quand Buck se réveilla, il se glissa dehors dans le froid et se dirigea vers la tente.

Když se Buck probudil, vyplížil se do chladu a šel ke stanu.

Il écoutait attentivement le doux bruit de la respiration à l'intérieur.

Pozorně naslouchal, jestli neuslyší tichý zvuk vnitřního dýchání.

Malgré l'amour profond de Buck pour John Thornton, la nature sauvage est restée vivante.

Navzdory Buckově hluboké lásce k Johnu Thorntonovi divočina zůstala naživu.

Cet instinct primitif, éveillé dans le Nord, n'a pas disparu.

Ten primitivní instinkt, probuzený na Severu, nezmizel.

L'amour a apporté la dévotion, la loyauté et le lien chaleureux du coin du feu.

Láska přinesla oddanost, věrnost a vřelé pouto u krbu.

Mais Buck a également conservé son instinct sauvage, vif et toujours en alerte.

Buck si ale také zachoval své divoké instinkty, bystré a neustále ve střehu.

Il n'était pas seulement un animal de compagnie apprivoisé venu des terres douces de la civilisation.

Nebyl to jen ochočený mazlíček z měkkých končin civilizace.

Buck était un être sauvage qui était venu s'asseoir près du feu de Thornton.

Buck byl divoký tvor, který si přišel sednout k Thorntonovu ohni.

Il ressemblait à un chien du Southland, mais la sauvagerie vivait en lui.

Vypadal jako pes z Jihu, ale v sobě žil divokost.

Son amour pour Thornton était trop grand pour permettre de voler cet homme.

Jeho láska k Thorntonovi byla příliš velká na to, aby mu dovolila okrást ho.

Mais dans n'importe quel autre camp, il volerait avec audace et sans relâche.

Ale v jakémkoli jiném táboře by kradl směle a bez zaváhání.

Il était si habile à voler que personne ne pouvait l'attraper ou l'accuser.

Byl tak chytrý v krádeži, že ho nikdo nemohl chytit ani obvinit.

Son visage et son corps étaient couverts de cicatrices dues à de nombreux combats passés.

Jeho obličej a tělo byly pokryty jizvami z mnoha minulých bojů.

Buck se battait toujours avec acharnement, mais maintenant il se battait avec plus de ruse.

Buck stále bojoval zuřivě, ale teď bojoval s větší lstivostí.

Skeet et Nig étaient trop doux pour se battre, et ils appartenaient à Thornton.

Skeet a Nig byli příliš jemní na to, aby se s nimi bojovalo, a patřili Thorntonovi.

Mais tout chien étranger, aussi fort ou courageux soit-il, cédait.

Ale každý cizí pes, bez ohledu na to, jak silný nebo statečný byl, ustoupil.

Sinon, le chien se retrouvait à lutter contre Buck, à se battre pour sa vie.

Jinak se pes ocitl v situaci, kdy s Buckem bojoval; bojoval o život.

Buck n'a eu aucune pitié une fois qu'il a choisi de se battre contre un autre chien.

Buck neměl slitování, jakmile se rozhodl bojovat s jiným psem.

Il avait bien appris la loi du gourdin et des crocs dans le Nord.

Dobře se naučil zákon kyje a tesáku na Severu.

Il n'a jamais abandonné un avantage et n'a jamais reculé devant la bataille.

Nikdy se nevzdal výhody a nikdy neustoupil z bitvy.

Il avait étudié les Spitz et les chiens les plus féroces de la poste et de la police.

Studoval Špice a nejzuřivější poštovní a policejní psy.

Il savait clairement qu'il n'y avait pas de juste milieu dans un combat sauvage.

Jasně věděl, že v divokém boji není střední cesta.

Il doit gouverner ou être gouverné ; faire preuve de miséricorde signifie faire preuve de faiblesse.

Musel vládnout, nebo být ovládán; projevit milosrdenství znamenalo projevit slabost.

La miséricorde était inconnue dans le monde brut et brutal de la survie.

V surovém a brutálním světě přežití bylo milosrdenství neznámé.

Faire preuve de miséricorde était perçu comme de la peur, et la peur menait rapidement à la mort.

Projevování milosrdenství bylo vnímáno jako strach a strach rychle vedl k smrti.

L'ancienne loi était simple : tuer ou être tué, manger ou être mangé.

Starý zákon byl jednoduchý: zabij, nebo budeš zabit, sněz, nebo budeš sežrán.

Cette loi venait des profondeurs du temps, et Buck la suivait pleinement.

Ten zákon pocházel z hlubin času a Buck se jím plně řídil.

Buck était plus vieux que son âge et que le nombre de respirations qu'il prenait.

Buck byl starší, než na jaký věk a kolik nádechů se nadechl.

Il a clairement relié le passé ancien au moment présent.

Jasně propojil dávnou minulost s přítomností.

Les rythmes profonds des âges le traversaient comme les marées.

Hluboké rytmy věků se jím proháněly jako příliv a odliv.

Le temps pulsait dans son sang aussi sûrement que les saisons faisaient bouger la terre.

Čas mu v krvi pulzoval stejně jistě, jako se roční období pohybovala zemí.

Il était assis près du feu de Thornton, la poitrine forte et les crocs blancs.

Seděl u Thorntonova ohně, se silnou hrudí a bílými tesáky.

Sa longue fourrure ondulait, mais derrière lui, les esprits des chiens sauvages observaient.

Jeho dlouhá srst vlala, ale za ním ho pozorovali duchové divokých psů.

Des demi-loups et des loups à part entière s'agitaient dans son cœur et dans ses sens.

V jeho srdci a smyslech se probouzely poloviční i skuteční vlci.

Ils goûtèrent sa viande et burent la même eau que lui.

Ochutnali jeho maso a pili stejnou vodu jako on.

Ils reniflaient le vent à ses côtés et écoutaient la forêt.

Nasmívali se větru vedle něj a naslouchali lesu.

Ils murmuraient la signification des sons sauvages dans l'obscurité.

Šeptali významy divokých zvuků ve tmě.

Ils façonnaient ses humeurs et guidaient chacune de ses réactions silencieuses.

Formovaly jeho nálady a řídily každou z jeho tichých reakcí.

Ils se sont couchés avec lui pendant son sommeil et sont devenus une partie de ses rêves profonds.

Ležely s ním, když spal, a stávaly se součástí jeho hlubokých
snů.

**Ils rêvaient avec lui, au-delà de lui, et constituaient son
esprit même.**

Snili s ním, překračovali jeho hranice, a tvořili jeho samotnou
duši.

**Les esprits de la nature appelèrent si fort que Buck se sentit
attiré.**

Duchové divočiny volali tak silně, že se Buck cítil přitahován.

**Chaque jour, l'humanité et ses revendications
s'affaiblissaient dans le cœur de Buck.**

Lidstvo a jeho nároky v Buckově srdci každým dnem slábly.

**Au plus profond de la forêt, un appel étrange et palpitant
allait s'élever.**

Hluboko v lese se mělo ozvat zvláštní a vzrušující volání.

**Chaque fois qu'il entendait l'appel, Buck ressentait une
envie à laquelle il ne pouvait résister.**

Pokaždé, když Buck uslyšel volání, pocítil nutkání, kterému
nemohl odolat.

**Il allait se détourner du feu et des sentiers battus des
humains.**

Chystal se odvrátit od ohně a od vyšlapaných lidských cest.

**Il allait s'enfoncer dans la forêt, avançant sans savoir
pourquoi.**

Chystal se vrhnout se do lesa, jít vpřed, aniž by věděl proč.

**Il ne remettait pas en question cette attraction, car l'appel
était profond et puissant.**

Nezpochybňoval tuto přitažlivost, neboť volání bylo hluboké
a silné.

Souvent, il atteignait l'ombre verte et la terre douce et intacte

Často dosahoval zeleného stínu a měkké nedotčené země

**Mais ensuite, son amour profond pour John Thornton l'a
ramené vers le feu.**

Ale pak ho silná láska k Johnu Thorntonovi přitáhla zpět k
ohni.

**Seul John Thornton tenait véritablement le cœur sauvage de
Buck entre ses mains.**

Pouze John Thornton skutečně držel Buckovo divoké srdce ve svém sevření.

Le reste de l'humanité n'avait aucune valeur ni signification durable pour Buck.

Zbytek lidstva pro Bucka neměl žádnou trvalou hodnotu ani význam.

Les étrangers pourraient le féliciter ou caresser sa fourrure avec des mains amicales.

Cizí lidé by ho mohli chválit nebo přátelsky hladit jeho srst.

Buck resta impassible et s'éloigna à cause de trop d'affection.

Buck zůstal nehnut a odešel z přílišné náklonnosti.

Hans et Pete sont arrivés avec le radeau qu'ils attendaient depuis longtemps

Hans a Pete dorazili s vorem, na který se dlouho čekalo.

Buck les a ignorés jusqu'à ce qu'il apprenne qu'ils étaient proches de Thornton.

Buck je ignoroval, dokud se nedozvěděl, že jsou blízko Thorntonu.

Après cela, il les a tolérés, mais ne leur a jamais montré toute sa chaleur.

Poté je toleroval, ale nikdy jim neprojevoval plnou vřelost.

Il prenait de la nourriture ou des marques de gentillesse de leur part comme s'il leur rendait service.

Přijímal od nich jídlo nebo laskavost, jako by jim prokazoval laskavost.

Ils étaient comme Thornton : simples, honnêtes et clairs dans leurs pensées.

Byli jako Thornton – prostí, čestní a s jasným myšlením.

Tous ensemble, ils se rendirent à la scierie de Dawson et au grand tourbillon

Všichni společně cestovali k Dawsonově pile a k velkému víru

Au cours de leur voyage, ils ont appris à comprendre profondément la nature de Buck.

Na své cestě se naučili hluboce porozumět Buckově povaze.

Ils n'ont pas essayé de se rapprocher comme Skeet et Nig l'avaient fait.

Nesnažili se sblížit jako Skeet a Nig.

Mais l'amour de Buck pour John Thornton n'a fait que s'approfondir avec le temps.

Buckova láska k Johnu Thorntonovi se ale časem jen prohlubovala.

Seul Thornton pouvait placer un sac sur le dos de Buck en été.

Jen Thornton dokázal v létě Buckovi na záda naložit batoh.

Quoi que Thornton ordonne, Buck était prêt à l'exécuter pleinement.

Ať už Thornton přikázal cokoli, Buck byl ochoten splnit vše, co potřeboval.

Un jour, après avoir quitté Dawson pour les sources du Tanana,

Jednoho dne, poté, co opustili Dawson a vydali se k pramenům řeky Tanany,

le groupe était assis sur une falaise qui descendait d'un mètre jusqu'au substrat rocheux nu.

Skupina seděla na útesu, který se svažoval o metr níže k holé skále.

John Thornton était assis près du bord et Buck se reposait à côté de lui.

John Thornton seděl blízko okraje a Buck odpočíval vedle něj.

Thornton eut une pensée soudaine et attira l'attention des hommes.

Thorntona náhle napadla myšlenka a upoutal pozornost mužů.

Il désigna le gouffre et donna un seul ordre à Buck.

Ukázal přes propast a dal Buckovi jediný rozkaz.

« Saute, Buck ! » dit-il en balançant son bras au-dessus de la chute.

„Skoč, Bucku!" řekl a natáhl ruku přes propast.

En un instant, il dut attraper Buck, qui sautait pour obéir.

V okamžiku musel chytit Bucka, který se chystal poslechnout.

Hans et Pete se sont précipités en avant et ont ramené les deux hommes en sécurité.

Hans a Pete se vrhli dopředu a odtáhli oba zpět do bezpečí.

Une fois que tout fut terminé et qu'ils eurent repris leur souffle, Pete prit la parole.

Když všechno skončilo a oni popadli dech, promluvil Pete.

« L'amour est étrange », dit-il, secoué par la dévotion féroce du chien.

„Ta láska je zlověstná," řekl, otřesen psí zuřivou oddaností.

Thornton secoua la tête et répondit avec un sérieux calme.

Thornton zavrtěl hlavou a odpověděl s klidnou vážností.

« Non, l'amour est splendide », dit-il, « mais aussi terrible. »

„Ne, láska je nádherná," řekl, „ale také hrozná."

« Parfois, je dois l'admettre, ce genre d'amour me fait peur. »

„Někdy musím přiznat, že mě tenhle druh lásky děsí."

Pete hocha la tête et dit : « Je détesterais être l'homme qui te touche. »

Pete přikývl a řekl: „Nerad bych byl ten muž, co se tě dotkne."

Il regarda Buck pendant qu'il parlait, sérieux et plein de respect.

Při řeči se na Bucka díval vážně a plný úcty.

« Py Jingo ! » s'empressa de dire Hans. « Moi non plus, non monsieur. »

„Py Jingo!" řekl Hans rychle. „Já taky ne, pane."

Avant la fin de l'année, les craintes de Pete se sont réalisées à Circle City.

Ještě před koncem roku se Petovy obavy v Circle City naplnily.

Un homme cruel nommé Black Burton a provoqué une bagarre dans le bar.

Krutý muž jménem Black Burton se v baru popral.

Il était en colère et malveillant, s'en prenant à un nouveau tendre.

Byl rozzlobený a zlomyslný a útočil na nového mladíka.

John Thornton est intervenu, calme et de bonne humeur comme toujours.

Vstoupil John Thornton, klidný a dobromyslný jako vždy.

Buck était allongé dans un coin, la tête baissée, observant Thornton de près.

Buck ležel v rohu se sklopenou hlavou a pozorně sledoval Thorntona.

Burton frappa soudainement, son coup envoyant Thornton tourner.

Burton náhle udeřil a jeho rána Thorntona zatočila.

Seule la barre du bar l'a empêché de s'écraser violemment au sol.

Pouze zábradlí hrazdy ho zabránilo v prudkém pádu na zem.

Les observateurs ont entendu un son qui n'était ni un aboiement ni un cri.

Pozorovatelé slyšeli zvuk, který nebyl štěkání ani kňučení

un rugissement profond sortit de Buck alors qu'il se lançait vers l'homme.

Buck se ozval hlubokým řevem, když se vrhl k muži.

Burton a levé le bras et a sauvé sa vie de justesse.

Burton zvedl ruku a jen tak tak si zachránil život.

Buck l'a percuté, le faisant tomber à plat sur le sol.

Buck do něj narazil a srazil ho na podlahu.

Buck mordit profondément le bras de l'homme, puis se jeta à la gorge.

Buck se hluboce zakousl do mužovy paže a pak se vrhl na krk.

Burton n'a pu bloquer que partiellement et son cou a été déchiré.

Burton dokázal blokovat jen částečně a měl roztržený krk.

Des hommes se sont précipités, les bâtons levés, et ont chassé Buck de l'homme ensanglanté.

Muži vtrhli dovnitř s zdviženými obušky a odhnali Bucka od krvácejícího muže.

Un chirurgien est intervenu rapidement pour arrêter l'écoulement du sang.

Chirurg rychle zasáhl, aby zastavil krvácení.

Buck marchait de long en large et grognait, essayant d'attaquer encore et encore.

Buck přecházel sem a tam a vrčel a pokoušel se znovu a znovu zaútočit.

Seuls les coups de massue l'ont empêché d'atteindre Burton.

Pouze hole mu zabránily dosáhnout Burtona.

Une réunion de mineurs a été convoquée et tenue sur place.

Byla svolána a na místě se konala schůze horníků.

Ils ont convenu que Buck avait été provoqué et ont voté pour le libérer.

Shodli se, že Buck byl vyprovokován, a hlasovali pro jeho propuštění.

Mais le nom féroce de Buck résonnait désormais dans tous les camps d'Alaska.

Ale Buckovo nelítostné jméno se nyní ozývalo v každém táboře na Aljašce.

Plus tard cet automne-là, Buck sauva à nouveau Thornton d'une nouvelle manière.

Později téhož podzimu Buck Thorntona znovu zachránil novým způsobem.

Les trois hommes guidaient un long bateau sur des rapides impétueux.

Ti tři muži řídili dlouhý člun po rozbouřených peřejích.

Thornton dirigeait le bateau et donnait des indications pour se rendre sur le rivage.

Thornton řídil loď a volal pokyny k pobřeží.

Hans et Pete couraient sur terre, tenant une corde d'arbre en arbre.

Hans a Pete běželi po souši a drželi se za provaz převázaný od stromu ke stromu.

Buck suivait le rythme sur la rive, surveillant toujours son maître.

Buck držel krok na břehu a neustále sledoval svého pána.

À un endroit désagréable, des rochers surplombaient les eaux vives.

Na jednom nepříjemném místě vyčnívaly pod rychlou vodou skály.

Hans lâcha la corde et Thornton dirigea le bateau vers le large.

Hans pustil lano a Thornton stočil loď do strany.

Hans sprinta pour rattraper le bateau en passant devant les rochers dangereux.

Hans sprintoval, aby znovu dohnal loď za nebezpečnými skalami.

Le bateau a franchi le rebord mais a heurté une partie plus forte du courant.

Loď sice překonala římsu, ale narazila do silnější části proudu.

Hans a attrapé la corde trop vite et a déséquilibré le bateau.

Hans příliš rychle chytil lano a vyvedl loď z rovnováhy.

Le bateau s'est retourné et a heurté la berge, cul en l'air.

Loď se převrátila a narazila dnem vzhůru do břehu.

Thornton a été jeté dehors et emporté dans la partie la plus sauvage de l'eau.

Thorntona vymrštilo a smetlo do nejdivočejší části vody.

Aucun nageur n'aurait pu survivre dans ces eaux mortelles et tumultueuses.

Žádný plavec by v těch smrtelně dravých vodách nepřežil.

Buck sauta instantanément et poursuivit son maître sur la rivière.

Buck okamžitě skočil a pronásledoval svého pána po řece.

Après trois cents mètres, il atteignit enfin Thornton.

Po třech stech metrech konečně dorazil k Thorntonu.

Thornton attrapa la queue de Buck, et Buck se tourna vers le rivage.

Thornton chytil Bucka za ocas a Buck se otočil ke břehu.

Il nageait de toutes ses forces, luttant contre la force de l'eau.

Plaval z plné síly a bojoval s divokým odporem vody.

Ils se déplaçaient en aval plus vite qu'ils ne pouvaient atteindre le rivage.

Pohybovali se po proudu rychleji, než stačili dosáhnout břehu.

Plus loin, la rivière rugissait plus fort alors qu'elle tombait dans des rapides mortels.

Řeka před nimi hučela hlasitěji, jak se řítila do smrtelně nebezpečných peřejí.

Les rochers fendaient l'eau comme les dents d'un énorme peigne.

Kameny prořezávaly vodu jako zuby obrovského hřebenu.

L'attraction de l'eau près de la chute était sauvage et inévitable.

Přitažlivost vody u propadliště byla prudká a nevyhnutelná.

Thornton savait qu'ils ne pourraient jamais atteindre le rivage à temps.

Thornton věděl, že se jim nikdy nepodaří dostat se na břeh včas.

Il a gratté un rocher, s'est écrasé sur un deuxième,

Škrábal se o jeden kámen, narazil do druhého,

Et puis il s'est écrasé contre un troisième rocher, l'attrapant à deux mains.

A pak narazil do třetí skály a chytil se jí oběma rukama.

Il lâcha Buck et cria par-dessus le rugissement : « Vas-y, Buck ! Vas-y ! »

Pustil Bucka a zakřičel přes řev: „Do toho, Bucku! Do toho!"

Buck n'a pas pu rester à flot et a été emporté par le courant.

Buck se neudržel na hladině a byl stržen proudem.

Il s'est battu avec acharnement, s'efforçant de se retourner, mais n'a fait aucun progrès.

Zuřivě bojoval, snažil se otočit, ale vůbec se mu nepodařilo pohnout se.

Puis il entendit Thornton répéter l'ordre par-dessus le rugissement de la rivière.

Pak uslyšel Thorntona, jak opakuje rozkaz přes hukot řeky.

Buck sortit de l'eau et leva la tête comme pour un dernier regard.

Buck se vynořil z vody a zvedl hlavu, jako by se na něj naposledy podíval.

puis il se retourna et obéit, nageant vers la rive avec résolution.

pak se otočil, poslechl a odhodlaně plaval ke břehu.

Pete et Hans l'ont tiré à terre au dernier moment possible.

Pete a Hans ho v poslední možné chvíli vytáhli na břeh.

Ils savaient que Thornton ne pourrait s'accrocher au rocher que quelques minutes de plus.

Věděli, že Thornton se skály vydrží držet už jen pár minut.

Ils coururent sur la berge jusqu'à un endroit bien au-dessus de l'endroit où il était suspendu.

Vyběhli po břehu k místu vysoko nad místem, kde visel.

Ils ont soigneusement attaché la ligne du bateau au cou et aux épaules de Buck.

Pečlivě přivázali Buckovi k krku a ramenům lano od lodi.

La corde était serrée mais suffisamment lâche pour permettre la respiration et le mouvement.

Lano bylo pevné, ale dostatečně volné pro dýchání a pohyb.

Puis ils le jetèrent à nouveau dans la rivière tumultueuse et mortelle.

Pak ho znovu spustili do zurčící, smrtící řeky.

Buck nageait avec audace mais manquait son angle face à la force du courant.

Buck plaval odvážně, ale minul svůj úhel a netrefil se do síly proudu.

Il a vu trop tard qu'il allait dépasser Thornton.

Příliš pozdě si uvědomil, že Thorntona mine.

Hans tira fort sur la corde, comme si Buck était un bateau en train de chavirer.

Hans trhl lanem, jako by Buck byl převracející se loď.

Le courant l'a entraîné vers le fond et il a disparu sous la surface.

Proud ho stáhl pod hladinu a on zmizel.

Son corps a heurté la berge avant que Hans et Pete ne le sortent.

Jeho tělo narazilo do břehu, než ho Hans a Pete vytáhli ven.

Il était à moitié noyé et ils l'ont chassé de l'eau.

Byl napůl utonutý a oni z něj vymlátili vodu.

Buck se leva, tituba et s'effondra à nouveau sur le sol.

Buck vstal, zapotácel se a znovu se zhroutil na zem.

Puis ils entendirent la voix de Thornton faiblement portée par le vent.

Pak uslyšeli Thorntonův hlas slabě unášený větrem.

Même si les mots n'étaient pas clairs, ils savaient qu'il était proche de la mort.

Ačkoliv slova byla nejasná, věděli, že je blízko smrti.

Le son de la voix de Thornton frappa Buck comme une décharge électrique.

Zvuk Thorntonova hlasu zasáhl Bucka jako elektrický šok.

Il sauta et courut sur la berge, retournant au point de lancement.

Vyskočil a běžel po břehu nahoru k místu startu.

Ils attachèrent à nouveau la corde à Buck, et il entra à nouveau dans le ruisseau.

Znovu přivázali k Buckovi lano a on znovu vstoupil do potoka.

Cette fois, il nagea directement et fermement dans l'eau tumultueuse.

Tentokrát plaval přímo a pevně do proudící vody.

Hans laissa sortir la corde régulièrement tandis que Pete l'empêchait de s'emmêler.

Hans pomalu pouštíval lano, zatímco Pete ho bránil v jeho zamotání.

Buck a nagé avec acharnement jusqu'à ce qu'il soit aligné juste au-dessus de Thornton.

Buck plaval ze všech sil, dokud se nedostal těsně nad Thornton.

Puis il s'est retourné et a foncé comme un train à toute vitesse.

Pak se otočil a řítil se dolů jako vlak v plné rychlosti.

Thornton le vit arriver, se redressa et entoura son cou de ses bras.

Thornton ho uviděl přicházet, připravil se na odpor a objal ho kolem krku.

Hans a attaché la corde fermement autour d'un arbre alors qu'ils étaient tous les deux entraînés sous l'eau.

Hans pevně uvázal lano kolem stromu, když byli oba staženi pod zem.

Ils ont dégringolé sous l'eau, s'écrasant contre des rochers et des débris de la rivière.

Padali pod vodu a naráželi do skal a říčních sutin.

Un instant, Buck était au sommet, l'instant d'après, Thornton se levait en haletant.

V jednu chvíli byl Buck nahoře a v další Thornton vstal a zalapal po dechu.

Battus et étouffés, ils se dirigèrent vers la rive et la sécurité.

Zbití a dusící se stočili k břehu a do bezpečí.

Thornton a repris connaissance, allongé sur un tronc d'arbre.

Thornton se probral a ležel na naplaveném kmeni.

Hans et Pete ont travaillé dur pour lui redonner souffle et vie.

Hans a Pete tvrdě pracovali na tom, aby mu vrátili dech a život.

Sa première pensée fut pour Buck, qui gisait immobile et mou.

Jeho první myšlenka patřila Buckovi, který ležel nehybně a bezvládně.

Nig hurla sur le corps de Buck et Skeet lui lécha doucement le visage.

Nig zavýjel nad Buckovým tělem a Skeet mu jemně olízl obličej.

Thornton, endolori et meurtri, examina Buck avec des mains prudentes.

Thornton, bolavý a pohmožděný, si Bucka pečlivě prohlédl.

Il a trouvé trois côtes cassées, mais aucune blessure mortelle chez le chien.

Nalezl u psa zlomená tři žebra, ale žádná smrtelná zranění.

« C'est réglé », dit Thornton. « On campe ici. » Et c'est ce qu'ils firent.

„Tím je to vyřešeno," řekl Thornton. „Tady táboříme." A taky tábořili.

Ils sont restés jusqu'à ce que les côtes de Buck soient guéries et qu'il puisse à nouveau marcher.

Zůstali tam, dokud se Buckovi nezahojila žebra a on znovu nemohl chodit.

Cet hiver-là, Buck accomplit un exploit qui augmenta encore sa renommée.

Té zimy Buck předvedl čin, který jeho slávu ještě více zvýšil.

C'était moins héroïque que de sauver Thornton, mais tout aussi impressionnant.

Bylo to méně hrdinské než záchrana Thorntona, ale stejně působivé.

À Dawson, les partenaires avaient besoin de provisions pour un long voyage.

V Dawsonu potřebovali partneři zásoby na dalekou cestu.

Ils voulaient voyager vers l'Est, dans des terres sauvages et intactes.

Chtěli cestovat na východ, do nedotčené divočiny.

L'acte de Buck dans l'Eldorado Saloon a rendu ce voyage possible.

Buckův čin v saloonu Eldorado umožnil tuto cestu.

Tout a commencé avec des hommes qui se vantaient de leurs chiens en buvant un verre.

Začalo to tím, že se muži u drinků chlubili svými psy.

La renommée de Buck a fait de lui la cible de défis et de doutes.

Buckova sláva z něj udělala terč výzev a pochybností.

Thornton, fier et calme, resta ferme dans la défense du nom de Buck.

Thornton, hrdý a klidný, pevně hájil Buckovo jméno.

Un homme a déclaré que son chien pouvait facilement tirer deux cents kilos.

Jeden muž řekl, že jeho pes dokáže s lehkostí utáhnout pět set liber.

Un autre a dit six cents, et un troisième s'est vanté d'en avoir sept cents.

Další řekl šest set a třetí se chlubil sedmi sty.

« Pfft ! » dit John Thornton, « Buck peut tirer un traîneau de mille livres. »

„Pch!" řekl John Thornton, „Buck utáhne tisícilibrové sáně."

Matthewson, un roi de Bonanza, s'est penché en avant et l'a défié.

Matthewson, král Bonanzy, se naklonil dopředu a vyzval ho.

« Tu penses qu'il peut mettre autant de poids en mouvement ? »

„Myslíš, že dokáže uvést do pohybu takovou váhu?"

« Et tu penses qu'il peut tirer le poids sur une centaine de mètres ? »

„A myslíš, že tu váhu dokáže utáhnout celých sto yardů?"

Thornton répondit froidement : « Oui. Buck est assez doué pour le faire. »

Thornton chladně odpověděl: „Ano. Buck je dost pes na to, aby to dokázal."

« Il mettra mille livres en mouvement et le tirera sur une centaine de mètres. »

„Uvede do pohybu tisíc liber a utáhne to sto yardů."

Matthewson sourit lentement et s'assura que tous les hommes entendaient ses paroles.

Matthewson se pomalu usmál a ujistil se, že všichni muži slyšeli jeho slova.

« J'ai mille dollars qui disent qu'il ne peut pas. Le voilà. »

„Mám vsadit tisíc dolarů, že nemůže. Tady to je."

Il a claqué un sac de poussière d'or de la taille d'une saucisse sur le bar.

Práskl o bar pytelem zlatého prachu velikosti klobásy.

Personne ne dit un mot. Le silence devint pesant et tendu autour d'eux.

Nikdo neřekl ani slovo. Ticho kolem nich tížilo a napínalo se.

Le bluff de Thornton – s'il en était un – avait été pris au sérieux.

Thorntonův blaf – pokud to vůbec byl blaf – byl brán vážně.

Il sentit la chaleur monter sur son visage tandis que le sang affluait sur ses joues.

Cítil, jak se mu do tváří hrne horko, jak se mu do tváří hrne krev.

Sa langue avait pris le pas sur sa raison à ce moment-là.

V tu chvíli jeho jazyk předběhl rozum.

Il ne savait vraiment pas si Buck pouvait déplacer mille livres.

Opravdu nevěděl, jestli Buck dokáže pohnout tisíci liber.

Une demi-tonne ! Rien que sa taille lui pesait le cœur.

Půl tuny! Už jen ta velikost mu ztěžovala srdce.

Il avait foi en la force de Buck et le pensait capable.

Věřil v Buckovu sílu a považoval ho za schopného.

Mais il n'avait jamais été confronté à ce genre de défi, pas comme celui-ci.

Ale nikdy předtím nečelil takové výzvě, ne takovéhle.

Une douzaine d'hommes l'observaient tranquillement, attendant de voir ce qu'il allait faire.

Tucet mužů ho tiše pozorovalo a čekalo, co udělá.

Il n'avait pas d'argent, ni Hans ni Pete.

Neměl peníze – ani Hans, ani Pete.

« J'ai un traîneau dehors », dit Matthewson froidement et directement.

„Mám venku sáně," řekl Matthewson chladně a přímočaře.

« Il est chargé de vingt sacs de cinquante livres chacun, tous de farine.

„Je naloženo dvaceti pytli, každý o hmotnosti padesáti liber, samá mouka."

« Alors ne laissez pas un traîneau manquant devenir votre excuse maintenant », a-t-il ajouté.

„Takže teď nenechte chybějící saně být vaší výmluvou," dodal.

Thornton resta silencieux. Il ne savait pas quels mots lui dire.

Thornton mlčel. Nevěděl, jaká slova by měl říct.

Il regarda les visages autour de lui sans les voir clairement.

Rozhlédl se po tvářích, ale neviděl je jasně.

Il ressemblait à un homme figé dans ses pensées, essayant de redémarrer.

Vypadal jako muž ztuhlý v myšlenkách, který se snaží znovu nastartovat.

Puis il a vu Jim O'Brien, un ami de l'époque Mastodon.

Pak uviděl Jima O'Briena, přítele z dob Mastodonta.

Ce visage familier lui a donné un courage qu'il ne savait pas avoir.

Ta známá tvář mu dodala odvahu, o které ani nevěděl, že ji má.

Il se tourna et demanda à voix basse : « Peux-tu me prêter mille ? »

Otočil se a tiše se zeptal: „Můžete mi půjčit tisíc?"

« Bien sûr », dit O'Brien, laissant déjà tomber un lourd sac près de l'or.

„Jasně," řekl O'Brien a už u zlata pustil těžký pytel.

« Mais honnêtement, John, je ne crois pas que la bête puisse faire ça. »

„Ale upřímně, Johne, nevěřím, že by tohle ta bestie dokázala."

Tout le monde dans le Saloon Eldorado s'est précipité dehors pour voir l'événement.

Všichni v saloonu Eldorado se vyhrnuli ven, aby se na událost podívali.

Ils ont laissé les tables et les boissons, et même les jeux ont été interrompus.

Opustili stoly a nápoje a dokonce i hry byly pozastaveny.

Les croupiers et les joueurs sont venus assister à la fin de ce pari audacieux.

Krupiéři a hazardní hráči se přišli podívat na konec odvážné sázky.

Des centaines de personnes se sont rassemblées autour du traîneau dans la rue glacée.

Stovky lidí se shromáždily kolem saní na zledovatělé otevřené ulici.

Le traîneau de Matthewson était chargé d'une charge complète de sacs de farine.

Matthewsonovy sáně stály plné pytlů mouky.

Le traîneau était resté immobile pendant des heures à des températures négatives.

Sáně stály hodiny v mínusových teplotách.

Les patins du traîneau étaient gelés et collés à la neige tassée.

Běžce saní byly pevně přimrzlé k udusanému sněhu.

Les hommes ont offert une cote de deux contre un que Buck ne pourrait pas déplacer le traîneau.

Muži vsadili dva ku jedné, že Buck nedokáže pohnout saněmi.

Une dispute a éclaté sur ce que signifiait réellement « sortir ».

Vypukl spor o to, co slovo „vybuchnout" skutečně znamená.

O'Brien a déclaré que Thornton devrait desserrer la base gelée du traîneau.

O'Brien řekl, že Thornton by měl uvolnit zamrzlou základnu saní.

Buck pourrait alors « sortir » d'un départ solide et immobile.

Buck se pak mohl „prorazit" z pevného, nehybného startu.

Matthewson a soutenu que le chien devait également libérer les coureurs.

Matthewson argumentoval, že pes musí také osvobodit běžce.

Les hommes qui avaient entendu le pari étaient d'accord avec le point de vue de Matthewson.

Muži, kteří sázku slyšeli, souhlasili s Matthewsonovým názorem.

Avec cette décision, les chances sont passées à trois contre un contre Buck.

S tímto rozhodnutím se kurz zvýšil na tři ku jedné proti Buckovi.

Personne ne s'est manifesté pour prendre en compte les chances croissantes de trois contre un.

Nikdo se nepostavil dopředu, aby využil rostoucího kurzu tři ku jedné.

Pas un seul homme ne croyait que Buck pouvait accomplir un tel exploit.

Ani jeden muž nevěřil, že Buck dokáže takový velký čin.

Thornton s'était précipité dans le pari, lourd de doutes.

Thorntona do sázky vtáhli spěchaně, zahlceného pochybnostmi.

Il regarda alors le traîneau et l'attelage de dix chiens à côté.

Teď se podíval na sáně a desetipsí spřežení vedle nich.

En voyant la réalité de la tâche, elle semblait encore plus impossible.

Skutečnost, s jakou se úkol potýkal, ho ještě více ztěžovala.

Matthewson était plein de fierté et de confiance à ce moment-là.

Matthewson byl v tu chvíli plný hrdosti a sebevědomí.

« Trois contre un ! » cria-t-il. « Je parie mille de plus, Thornton !

„Tři ku jedné!" křičel. „Vsadím se na další tisíc, Thorntone!"

« Que dites-vous ? » ajouta-t-il, assez fort pour que tout le monde l'entende.

„Co říkáš?" dodal dostatečně hlasitě, aby ho všichni slyšeli.

Le visage de Thornton exprimait ses doutes, mais son esprit s'était élevé.

Thorntonova tvář prozrazovala pochybnosti, ale jeho duch se povznesl.

Cet esprit combatif ignorait les probabilités et ne craignait rien du tout.

Ten bojovný duch ignoroval překážky a nebál se vůbec ničeho.

Il a appelé Hans et Pete pour apporter tout leur argent sur la table.

Zavolal Hanse a Peta, aby přinesli všechny své peníze ke stolu.

Il ne leur restait plus grand-chose : seulement deux cents dollars au total.

Zbývalo jim málo – dohromady jen dvě stě dolarů.

Cette petite somme représentait toute leur fortune pendant les temps difficiles.

Tato malá částka představovala jejich celkové jmění v těžkých časech.

Pourtant, ils ont misé toute leur fortune contre le pari de Matthewson.

Přesto vsadili veškeré jmění proti Matthewsonově sázce.

L'attelage de dix chiens a été dételé et éloigné du traîneau.

Desetipsí spřežení bylo odvázáno a od saní se vzdálilo.

Buck a été placé dans les rênes, portant son harnais familier.

Buck byl posazen do otěží a měl na sobě svůj známý postroj.

Il avait capté l'énergie de la foule et ressenti la tension.

Zachytil energii davu a cítil napětí.

D'une manière ou d'une autre, il savait qu'il devait faire quelque chose pour John Thornton.

Nějak věděl, že pro Johna Thorntona musí něco udělat.

Les gens murmuraient avec admiration devant la fière silhouette du chien.

Lidé s obdivem šeptali nad psí hrdou postavou.

Il était mince et fort, sans une seule once de chair supplémentaire.

Byl štíhlý a silný, bez jediné unce masa navíc.

Son poids total de cent cinquante livres n'était que puissance et endurance.

Jeho celková váha sto padesáti liber byla v podstatě síla a vytrvalost.

Le pelage de Buck brillait comme de la soie, épais de santé et de force.

Buckův kabát se třpytil jako hedvábí, hustý zdravím a silou.

La fourrure le long de son cou et de ses épaules semblait se soulever et se hérisser.

Srst na krku a ramenou se mu zježila a naježila.

Sa crinière bougeait légèrement, chaque cheveu vivant de sa grande énergie.

Jeho hříva se lehce pohnula, každý vlas ožil jeho obrovskou energií.

Sa large poitrine et ses jambes fortes correspondaient à sa silhouette lourde et robuste.

Jeho široký hrudník a silné nohy ladily s jeho mohutnou, robustní postavou.

Des muscles ondulaient sous son manteau, tendus et fermes comme du fer lié.

Svaly pod jeho kabátem se vlnily, napjaté a pevné jako spoutané železo.

Les hommes le touchaient et juraient qu'il était bâti comme une machine en acier.

Muži se ho dotýkali a přísahali, že je stavěný jako ocelový stroj.

Les chances ont légèrement baissé à deux contre un contre le grand chien.

Kurz mírně klesl na dva ku jedné proti skvělému psu.

Un homme des bancs de Skookum s'avança en bégayant.

Muž ze Skookumových laviček se s koktáním protlačil vpřed.

« Bien, monsieur ! J'offre huit cents pour lui – avant l'examen, monsieur ! »

„Dobře, pane! Nabízím za něj osm set – ještě před zkouškou, pane!"

« Huit cents, tel qu'il est en ce moment ! » insista l'homme.

„Osm set, jak teď stojí!" trval na svém muž.

Thornton s'avança, sourit et secoua calmement la tête.

Thornton vystoupil vpřed, usmál se a klidně zavrtěl hlavou.

Matthewson est rapidement intervenu avec une voix d'avertissement et un froncement de sourcils.

Matthewson rychle vstoupil varovným hlasem a zamračil se.

« Éloignez-vous de lui », dit-il. « Laissez-lui de l'espace. »

„Musíš od něj ustoupit," řekl. „Dej mu prostor."

La foule se tut ; seuls les joueurs continuaient à miser deux contre un.

Dav ztichl; jen hazardní hráči stále sázeli dva ku jedné.

Tout le monde admirait la carrure de Buck, mais la charge semblait trop lourde.

Všichni obdivovali Buckovu stavbu těla, ale náklad vypadal příliš velký.

Vingt sacs de farine, pesant chacun cinquante livres, semblaient beaucoup trop.

Dvacet pytlů mouky – každý o hmotnosti padesáti liber – se zdálo příliš mnoho.

Personne n'était prêt à ouvrir sa bourse et à risquer son argent.

Nikdo nebyl ochoten otevřít váček a riskovat své peníze.

Thornton s'agenouilla à côté de Buck et prit sa tête à deux mains.

Thornton si klekl vedle Bucka a vzal mu hlavu do obou dlaní.

Il pressa sa joue contre celle de Buck et lui parla à l'oreille.

Přitiskl tvář k Buckově a promluvil mu do ucha.

Il n'y avait plus de secousses enjouées ni d'insultes affectueuses murmurées.

Teď už se neozvalo žádné hravé třásání ani šeptání láskyplných urážek.

Il murmura simplement doucement : « Autant que tu m'aimes, Buck. »

Jen tiše zamumlal: „Stejně jako mě miluješ, Bucku."

Buck émit un gémissement silencieux, son impatience à peine contenue.

Buck tiše zakňučel, sotva potlačoval svou dychtivost.

Les spectateurs observaient avec curiosité la tension qui emplissait l'air.

Přihlížející se zvědavostí sledovali, jak se vzduchem šíří napětí.

Le moment semblait presque irréel, comme quelque chose qui dépassait la raison.

Ten okamžik se zdál téměř neskutečný, jako něco nerozumného.

Lorsque Thornton se leva, Buck prit doucement sa main dans ses mâchoires.

Když Thornton vstal, Buck mu jemně vzal ruku do čelistí.

Il appuya avec ses dents, puis relâcha lentement et doucement.

Zatlačil zuby a pak pomalu a jemně pustil.

C'était une réponse silencieuse d'amour, non prononcée, mais comprise.

Byla to tichá odpověď lásky, ne vyřčená, ale pochopená.

Thornton s'éloigna du chien et donna le signal.

Thornton ustoupil daleko od psa a dal znamení.

« Maintenant, Buck », dit-il, et Buck répondit avec un calme concentré.

„Tak, Bucku," řekl a Buck odpověděl se soustředěným klidem.

Buck a resserré les traces, puis les a desserrées de quelques centimètres.

Buck utáhl popruhy a pak je o pár centimetrů povolil.

C'était la méthode qu'il avait apprise ; sa façon de briser le traîneau.

Tohle byla metoda, kterou se naučil; jeho způsob, jak rozbít sáně.

« Tiens ! » cria Thornton, sa voix aiguë dans le silence pesant.

„Páni!" vykřikl Thornton ostrým hlasem v těžkém tichu.

Buck se tourna vers la droite et se jeta de tout son poids.

Buck se otočil doprava a celou svou vahou se vrhl dovnitř.

Le mou disparut et toute la masse de Buck heurta les lignes serrées.

Vůle zmizela a Buckova celá hmotnost dopadla na úzké kolejnice.

Le traîneau tremblait et les patins émettaient un bruit de crépitement.

Sáně se třásly a jezdce vydávaly ostrý praskavý zvuk.

« Haw ! » ordonna Thornton, changeant à nouveau la direction de Buck.

„Há!" zavelel Thornton a znovu změnil Buckův směr.

Buck répéta le mouvement, cette fois en tirant brusquement vers la gauche.

Buck zopakoval pohyb, tentokrát prudce zatáhl doleva.

Le traîneau craquait plus fort, les patins claquaient et se déplaçaient.

Sáně praskaly hlasitěji, kluzáky cvakaly a posouvaly se.

La lourde charge glissait légèrement latéralement sur la neige gelée.

Těžký náklad se mírně posouval do strany po zmrzlém sněhu.

Le traîneau s'était libéré de l'emprise du sentier glacé !

Sáně se vytrhly ze sevření zledovatělé stezky!

Les hommes retenaient leur souffle, ignorant qu'ils ne respiraient même pas.

Muži zadržovali dech, aniž by si uvědomovali, že ani nedýchají.

« Maintenant, TIREZ ! » cria Thornton à travers le silence glacial.

„A teď TAHNI!" zvolal Thornton mrazivým tichem.

L'ordre de Thornton résonna fort, comme le claquement d'un fouet.

Thorntonův rozkaz zazněl ostře, jako prásknutí bičem.

Buck se jeta en avant avec un mouvement violent et saccadé.

Buck se prudkým a prudkým výpadem vrhl vpřed.

Tout son corps se tendit et se contracta sous l'énorme tension.

Celé jeho tělo se napjalo a shrblo při vypětí všech sil.

Des muscles ondulaient sous sa fourrure comme des serpents prenant vie.

Svaly se mu pod srstí vlnily jako ožívající hadi.

Sa large poitrine était basse, la tête tendue vers l'avant en direction du traîneau.

Jeho mohutná hruď byla nízká, hlava natažená dopředu k saním.

Ses pattes bougeaient comme l'éclair, ses griffes tranchant le sol gelé.

Jeho tlapky se pohybovaly jako blesk, drápy řezaly do zmrzlé země.

Des rainures ont été creusées profondément alors qu'il luttait pour chaque centimètre de traction.

Drážky se mu vyřezávaly hluboko, zatímco bojoval o každý centimetr trakce.

Le traîneau se balança, trembla et commença un mouvement lent et agité.

Sáně se zakymácely, chvěly a začaly se pomalu a nejistě pohybovat.

Un pied a glissé et un homme dans la foule a gémi à haute voix.

Jedna noha mu uklouzla a muž v davu hlasitě zasténal.

Puis le traîneau s'élança en avant dans un mouvement saccadé et brusque.

Pak se sáně trhavým, drsným pohybem vrhly vpřed.

Cela ne s'est pas arrêté à nouveau - un demi-pouce... un pouce... deux pouces de plus.

Znovu se to nezastavilo – o půl palce… o palec… o dva palce víc.

Les secousses devinrent plus faibles à mesure que le traîneau commençait à prendre de la vitesse.

Trhání se zmenšovalo, jak sáně začaly nabírat rychlost.

Bientôt, Buck tirait avec une puissance douce et régulière.

Buck brzy táhl s hladkou, rovnoměrnou a valivou silou.

Les hommes haletèrent et finirent par se rappeler de respirer à nouveau.

Muži zalapali po dechu a konečně si vzpomněli, že se mají znovu nadechnout.

Ils n'avaient pas remarqué que leur souffle s'était arrêté de stupeur.

Nevšimli si, že se jim úžasem zastavil dech.

Thornton courait derrière, lançant des ordres courts et joyeux.

Thornton běžel za ním a vykřikoval krátké, veselé povely.

Devant nous se trouvait une pile de bois de chauffage qui marquait la distance.

Před námi byla hromada dříví, která označovala vzdálenost.

Alors que Buck s'approchait du tas, les acclamations devenaient de plus en plus fortes.

Jak se Buck blížil k hromadě, jásot byl stále hlasitější a hlasitější.

Les acclamations se sont transformées en rugissement lorsque Buck a dépassé le point d'arrivée.

Jásot přerostl v řev, když Buck prošel konečnou stanicí.

Les hommes ont sauté et crié, même Matthewson a esquissé un sourire.

Muži skákali a křičeli, dokonce i Matthewson se usmál.

Les chapeaux volaient dans les airs, les mitaines étaient lancées sans réfléchir ni viser.

Klobouky létaly do vzduchu, palčáky byly bezmyšlenkovitě a bezcílně pohazovány.

Les hommes se sont attrapés et se sont serré la main sans savoir à qui.

Muži se navzájem chytili a potřásli si rukama, aniž by věděli komu.

Toute la foule bourdonnait d'une célébration folle et joyeuse.

Celý dav bzučel divokou, radostnou oslavou.

Thornton tomba à genoux à côté de Buck, les mains tremblantes.

Thornton klesl s třesoucíma se rukama na kolena vedle Bucka.

Il pressa sa tête contre celle de Buck et le secoua doucement d'avant en arrière.

Přitiskl hlavu k Buckově a jemně s ním zatřásl sem a tam.

Ceux qui s'approchaient l'entendaient maudire le chien avec un amour silencieux.

Ti, kdo se přiblížili, ho slyšeli, jak s tichou láskou psa proklínal.

Il a insulté Buck pendant un long moment, doucement, chaleureusement, avec émotion.

Dlouho Bucka zaklel – tiše, vřele, s dojetím.

« Bien, monsieur ! Bien, monsieur ! » s'écria précipitamment le roi du Banc Skookum.

„Výborně, pane! Výborně, pane!" zvolal spěšně král Skookumské lavičky.

« Je vous donne mille, non, douze cents, pour ce chien, monsieur ! »

„Dám vám za toho psa tisíc – ne, dvanáct set – pane!"

Thornton se leva lentement, les yeux brillants d'émotion.

Thornton se pomalu zvedl na nohy, oči mu zářily emocemi.

Les larmes coulaient ouvertement sur ses joues sans aucune honte.

Slzy mu stékaly po tvářích proudem, aniž by se za to styděl.

« Monsieur », dit-il au roi du banc Skookum, ferme et posé.

„Pane," řekl králi Skookumské lavičky klidně a pevně

« Non, monsieur. Allez au diable, monsieur. C'est ma réponse définitive. »

„Ne, pane. Můžete jít do pekla, pane. To je moje konečná odpověď."

Buck attrapa doucement la main de Thornton dans ses mâchoires puissantes.

Buck jemně chytil Thorntonovu ruku do svých silných čelistí.

Thornton le secoua de manière enjouée, leur lien étant plus profond que jamais.

Thornton s ním hravě zatřásl, jejich pouto bylo hluboké jako vždy.

La foule, émue par l'instant, recula en silence.

Dav, dojat okamžikem, mlčky ustoupil.

Dès lors, personne n'osa interrompre cette affection si sacrée.

Od té doby se nikdo neodvážil přerušit tuto posvátnou
náklonnost.

Le son de l'appel
Zvuk volání

Buck avait gagné seize cents dollars en cinq minutes.
Buck si za pět minut vydělal šestnáct set dolarů.
**Cet argent a permis à John Thornton de payer une partie de
ses dettes.**
Peníze umožnily Johnu Thorntonovi splatit část jeho dluhů.
**Avec le reste de l'argent, il se dirigea vers l'Est avec ses
partenaires.**
Se zbytkem peněz se se svými partnery vydal na východ.
**Ils cherchaient une mine perdue légendaire, aussi vieille que
le pays lui-même.**
Hledali bájný ztracený důl, starý jako samotná země.
**Beaucoup d'hommes avaient cherché la mine, mais peu
l'avaient trouvée.**
Mnoho mužů hledalo důl, ale jen málokdo ho našel.
**Plus d'un homme avait disparu au cours de cette quête
dangereuse.**
Během nebezpečné výpravy zmizelo více než několik mužů.
**Cette mine perdue était enveloppée à la fois de mystère et
d'une vieille tragédie.**
Tento ztracený důl byl zahalen záhadou i starou tragédií.
**Personne ne savait qui avait été le premier homme à
découvrir la mine.**
Nikdo nevěděl, kdo byl prvním mužem, který důl objevil.
**Les histoires les plus anciennes ne mentionnent personne
par son nom.**
Nejstarší příběhy nezmiňují nikoho jménem.
Il y avait toujours eu là une vieille cabane délabrée.
Vždycky tam stávala stará zchátralá chata.

Des hommes mourants avaient juré qu'il y avait une mine à côté de cette vieille cabane.

Umírající muži přísahali, že vedle té staré chaty je důl.

Ils ont prouvé leurs histoires avec de l'or comme on n'en trouve nulle part ailleurs.

Své příběhy dokázali zlatem, jaké se jinde nenajde.

Aucune âme vivante n'avait jamais pillé le trésor de cet endroit.

Nikdo živý nikdy poklad z toho místa neukradl.

Les morts étaient morts, et les morts ne racontent pas d'histoires.

Mrtví byli mrtví a mrtví muži nevyprávějí žádné příběhy.

Thornton et ses amis se dirigèrent donc vers l'Est.

Thornton a jeho přátelé se tedy vydali na Východ.

Pete et Hans se sont joints à eux, amenant Buck et six chiens forts.

Pete a Hans se přidali a přivedli Bucka a šest silných psů.

Ils se sont lancés sur un chemin inconnu là où d'autres avaient échoué.

Vydali se neznámou cestou, kde jiní selhali.

Ils ont parcouru soixante-dix milles en traîneau sur le fleuve Yukon gelé.

Sáňkovali sedmdesát mil proti proudu zamrzlé řeky Yukon.

Ils tournèrent à gauche et suivirent le sentier jusqu'au Stewart.

Odbočili doleva a šli po stezce do řeky Stewart.

Ils passèrent le Mayo et le McQuestion, poursuivant leur route.

Minuli Mayo a McQuestion a pokračovali dál.

Le Stewart s'est rétréci en un ruisseau, traversant des pics déchiquetés.

Řeka Stewart se zmenšila do potoka, vinoucího se mezi rozeklanými vrcholky.

Ces pics acérés marquaient l'épine dorsale même du continent.

Tyto ostré vrcholy označovaly samotnou páteř kontinentu.

John Thornton exigeait peu des hommes ou de la nature sauvage.

John Thornton od mužů i divočiny málo požadoval.

Il ne craignait rien dans la nature et affrontait la nature sauvage avec aisance.

V přírodě se ničeho nebál a divočině čelil s lehkostí.

Avec seulement du sel et un fusil, il pouvait voyager où il le souhaitait.

Jen se solí a puškou mohl cestovat, kam chtěl.

Comme les indigènes, il chassait de la nourriture pendant ses voyages.

Stejně jako domorodci lovil potravu během své cesty.

S'il n'attrapait rien, il continuait, confiant en la chance qui l'attendait.

Pokud nic nechytil, pokračoval dál a důvěřoval štěstí.

Au cours de ce long voyage, la viande était la principale nourriture qu'ils mangeaient.

Na této dlouhé cestě jedli hlavně maso.

Le traîneau contenait des outils et des munitions, mais aucun horaire strict.

Saně nesly nářadí a munici, ale žádný přísný časový harmonogram nebyl stanoven.

Buck adorait cette errance, la chasse et la pêche sans fin.

Buck miloval toto putování; nekonečný lov a rybaření.

Pendant des semaines, ils ont voyagé jour après jour.

Týdny cestovali den za dnem.

D'autres fois, ils établissaient des camps et restaient immobiles pendant des semaines.

Jindy si postavili tábory a zůstávali v klidu celé týdny.

Les chiens se reposaient pendant que les hommes creusaient dans la terre gelée.

Psi odpočívali, zatímco muži se prohrabávali zmrzlou hlínou.

Ils chauffaient des poêles sur des feux et cherchaient de l'or caché.

Ohřívali pánve na ohni a hledali skryté zlato.

Certains jours, ils souffraient de faim, et d'autres jours, ils faisaient des festins.

Některé dny hladověli a některé dny měli hostiny.

Leurs repas dépendaient du gibier et de la chance de la chasse.

Jejich jídlo záviselo na zvěři a štěstí při lovu.

Quand l'été arrivait, les hommes et les chiens chargeaient des charges sur leur dos.

Když přišlo léto, muži a psi si naložili na záda náklady.

Ils ont fait du rafting sur des lacs bleus cachés dans des forêts de montagne.

Splavovali modré jezera skryté v horských lesích na raftech.

Ils naviguaient sur des bateaux minces sur des rivières qu'aucun homme n'avait jamais cartographiées.

Pluli na štíhlých člunech po řekách, které ještě nikdo nezmapoval.

Ces bateaux ont été construits à partir d'arbres sciés dans la nature.

Ty lodě byly postaveny ze stromů, které řezali ve volné přírodě.

Les mois passèrent et ils sillonnèrent des terres sauvages et inconnues.

Měsíce plynuly a oni se klikatili divokými neznámými kraji.

Il n'y avait pas d'hommes là-bas, mais de vieilles traces suggéraient qu'il y en avait eu.

Nebyli tam žádní muži, přesto staré stopy naznačovaly, že tam muži byli.

Si la Cabane Perdue était réelle, alors d'autres étaient déjà passés par là.

Pokud Ztracená chata existovala, pak tudy kdysi prošli i jiní.

Ils traversaient des cols élevés dans des blizzards, même pendant l'été.

Překračovali vysoké průsmyky ve vánicích, a to i v létě.

Ils frissonnaient sous le soleil de minuit sur les pentes nues des montagnes.

Třásli se pod půlnočním sluncem na holých horských svazích.

Entre la limite des arbres et les champs de neige, ils montaient lentement.

Mezi hranicí lesa a sněhovými poli pomalu stoupali.

Dans les vallées chaudes, ils écrasaient des nuages de moucherons et de mouches.

V teplých údolích odháněli mraky komárů a much.

Ils cueillaient des baies sucrées près des glaciers en pleine floraison estivale.

Sbírali sladké bobule poblíž ledovců v plném letním květu.

Les fleurs qu'ils ont trouvées étaient aussi belles que celles du Southland.

Květiny, které našli, byly stejně krásné jako ty v Jihu.

Cet automne-là, ils atteignirent une région solitaire remplie de lacs silencieux.

Toho podzimu dorazili do opuštěné oblasti plné tichých jezer.

La terre était triste et vide, autrefois pleine d'oiseaux et de bêtes.

Země byla smutná a prázdná, kdysi plná ptáků a zvířat.

Il n'y avait plus de vie, seulement le vent et la glace qui se formait dans les flaques.

Teď už tam nebyl žádný život, jen vítr a led tvořivý v tůních.

Les vagues s'écrasaient sur les rivages déserts avec un son doux et lugubre.

Vlny se s tichým, truchlivým zvukem tříštily o prázdné břehy.

Un autre hiver arriva et ils suivirent à nouveau de vieux sentiers lointains.

Přišla další zima a oni se opět vydali po slabých, starých stezkách.

C'étaient les traces d'hommes qui les avaient cherchés bien avant eux.

To byly stezky mužů, kteří hledali dávno před nimi.

Un jour, ils trouvèrent un chemin creusé profondément dans la forêt sombre.

Jednou našli stezku vytesanou hluboko do temného lesa.

C'était un vieux sentier, et ils sentaient que la cabane perdue était proche.

Byla to stará stezka a měli pocit, že ztracená chata je blízko.

Mais le sentier ne menait nulle part et s'enfonçait dans les bois épais.

Ale stezka nikam nevedla a mizela v hustém lese.

Personne ne savait qui avait fait ce sentier et pourquoi.

Kdokoli stezku vybudoval a proč ji vybudoval, nikdo nevěděl.

Plus tard, ils ont trouvé l'épave d'un lodge caché parmi les arbres.

Později našli mezi stromy ukrytou trosku chaty.

Des couvertures pourries gisaient éparpillées là où quelqu'un avait dormi.

Tam, kde kdysi někdo spal, ležely rozházené tlející deky.

John Thornton a trouvé un fusil à silex à long canon enterré à l'intérieur.

John Thornton našel uvnitř zakopanou křesadlovou zbraň s dlouhou hlavní.

Il savait qu'il s'agissait d'un fusil de la Baie d'Hudson depuis les premiers jours de son commerce.

Věděl, že se jedná o dělo z Hudsonova zálivu, už z raných dob obchodování.

À cette époque, ces armes étaient échangées contre des piles de peaux de castor.

V těch dobách se takové zbraně vyměňovaly za hromady bobřích kůží.

C'était tout : il ne restait aucune trace de l'homme qui avait construit le lodge.

To bylo vše – nezůstala žádná stopa po muži, který chatu postavil.

Le printemps est revenu et ils n'ont trouvé aucun signe de la Cabane Perdue.

Jaro přišlo znovu a po Ztracené chatě nenašli ani stopu.

Au lieu de cela, ils trouvèrent une large vallée avec un ruisseau peu profond.

Místo toho našli široké údolí s mělkým potokem.

L'or recouvrait le fond des casseroles comme du beurre jaune et lisse.

Zlato leželo na dně pánve jako hladké, žluté máslo.

Ils s'arrêtèrent là et ne cherchèrent plus la cabane.

Zastavili se tam a dál chatu nehledali.

Chaque jour, ils travaillaient et trouvaient des milliers de pièces d'or en poudre.

Každý den pracovali a našli tisíce ve zlatém prachu.

Ils ont emballé l'or dans des sacs de peau d'élan, de cinquante livres chacun.

Zlato balili do pytlů z losí kůže, každý o hmotnosti padesáti liber.

Les sacs étaient empilés comme du bois de chauffage à l'extérieur de leur petite loge.

Pytle byly naskládány jako dříví před jejich malou chatkou.

Ils travaillaient comme des géants et les jours passaient comme des rêves rapides.

Pracovali jako obři a dny ubíhaly jako rychlé sny.

Ils ont amassé des trésors au fil des jours sans fin.

Hromadili poklady, zatímco nekonečné dny rychle ubíhaly.

Les chiens n'avaient pas grand-chose à faire, à part transporter de la viande de temps en temps.

Psi neměli moc co dělat, kromě toho, že občas tahali maso.

Thornton chassait et tuait le gibier, et Buck restait allongé près du feu.

Thornton lovil a zabíjel zvěř a Buck ležel u ohně.

Il a passé de longues heures en silence, perdu dans ses pensées et ses souvenirs.

Trávil dlouhé hodiny v tichu, ztracen v myšlenkách a vzpomínkách.

L'image de l'homme poilu revenait de plus en plus souvent à l'esprit de Buck.

Obraz chlupatého muže se Buckovi stále častěji vybavoval.

Maintenant que le travail se faisait rare, Buck rêvait en clignant des yeux devant le feu.

Teď, když bylo práce málo, Buck snil a mrkal do ohně.

Dans ces rêves, Buck errait avec l'homme dans un autre monde.

V těch snech se Buck s mužem toulal v jiném světě.

La peur semblait être le sentiment le plus fort dans ce monde lointain.

Strach se zdál být nejsilnějším pocitem v tom vzdáleném světě.

Buck vit l'homme poilu dormir avec la tête baissée.

Buck viděl chlupatého muže spát se skloněnou hlavou.

Ses mains étaient jointes et son sommeil était agité et interrompu.

Měl sepjaté ruce a spánek neklidný a přerušovaný.

Il se réveillait en sursaut et regardait avec crainte dans le noir.

S trhnutím se probouzel a s hrůzou zíral do tmy.

Ensuite, il jetait plus de bois sur le feu pour garder la flamme vive.

Pak přihodil do ohně další dřevo, aby plameny jasně hořely.

Parfois, ils marchaient le long d'une plage au bord d'une mer grise et infinie.

Někdy se procházeli po pláži u šedého, nekonečného moře.

L'homme poilu ramassait des coquillages et les mangeait en marchant.

Chlupatý muž sbíral korýše a jedl je za pochodu.

Ses yeux cherchaient toujours des dangers cachés dans l'ombre.

Jeho oči neustále hledaly skrytá nebezpečí ve stínech.

Ses jambes étaient toujours prêtes à sprinter au premier signe de menace.

Jeho nohy byly vždy připravené k útěku při prvním náznaku ohrožení.

Ils rampaient à travers la forêt, silencieux et méfiants, côte à côte.

Plížili se lesem, tiší a ostražití, bok po boku.

Buck le suivit sur ses talons, et tous deux restèrent vigilants.

Buck ho následoval v patách a oba zůstali ve střehu.

Leurs oreilles frémissaient et bougeaient, leurs nez reniflaient l'air.

Uši se jim škubaly a hýbaly, nosy čichaly vzduch.

L'homme pouvait entendre et sentir la forêt aussi intensément que Buck.

Muž slyšel a cítil les stejně ostře jako Buck.

L'homme poilu se balançait à travers les arbres avec une vitesse soudaine.

Chlupatý muž se s náhlou rychlostí prohnal mezi stromy.

Il sautait de branche en branche, sans jamais lâcher prise.

Skákal z větve na větev a nikdy se nenechal unést.

Il se déplaçait aussi vite au-dessus du sol que sur celui-ci.

Pohyboval se nad zemí stejně rychle jako po ní.

Buck se souvenait des longues nuits passées sous les arbres, à veiller.

Buck si vzpomněl na dlouhé noci pod stromy, kdy hlídal.

L'homme dormait perché dans les branches, s'accrochant fermement.

Muž spal schoulený ve větvích a pevně se jich držel.

Cette vision de l'homme poilu était étroitement liée à l'appel des profondeurs.

Tato vize chlupatého muže byla úzce spjata s hlubokým voláním.

L'appel résonnait toujours à travers la forêt avec une force obsédante.

Volání stále znělo lesem s děsivou silou.

L'appel remplit Buck de désir et d'un sentiment de joie incessant.

Hovor naplnil Bucka touhou a neklidným pocitem radosti.

Il ressentait d'étranges pulsions et des frémissements qu'il ne pouvait nommer.

Cítil zvláštní nutkání a podněty, které nedokázal pojmenovat.

Parfois, il suivait l'appel au plus profond des bois tranquilles.

Někdy následoval volání hluboko do tichého lesa.

Il cherchait l'appel, aboyant doucement ou fort au fur et à mesure.

Hledal volání a cestou štěkal tiše nebo ostře.

Il renifla la mousse et la terre noire où poussaient les herbes.

Čichal k mechu a černé půdě, kde rostly trávy.

Il renifla de plaisir aux riches odeurs de la terre profonde.

S potěšením si odfrkl nad bohatou vůní hlubin země.

Il s'est accroupi pendant des heures derrière des troncs couverts de champignons.

Hodiny se krčil za kmeny pokrytými houbami.

Il resta immobile, écoutant les yeux écarquillés chaque petit bruit.

Zůstal bez hnutí a s vytřeštěnýma očima naslouchal každému sebemenšímu zvuku.

Il espérait peut-être surprendre la chose qui avait lancé l'appel.

Možná doufal, že překvapí tu věc, která zavolala.

Il ne savait pas pourquoi il agissait de cette façon, il le faisait simplement.

Nevěděl, proč se tak chová – prostě se choval.

Les pulsions venaient du plus profond de moi, au-delà de la pensée ou de la raison.

Touhy vycházely z hloubi nitra, zpoza myšlení nebo rozumu.

Des envies irrésistibles s'emparèrent de Buck sans avertissement ni raison.

Bucka se bez varování a bezdůvodně zmocnily neodolatelné nutkání.

Parfois, il somnolait paresseusement dans le camp sous la chaleur de midi.

Občas lenivě dřímal v táboře v poledním horku.

Soudain, sa tête se releva et ses oreilles se dressèrent en alerte.

Najednou zvedl hlavu a nastražil uši.

Puis il se leva d'un bond et se précipita dans la nature sans s'arrêter.

Pak vyskočil a bez zaváhání se rozběhl do divočiny.

Il a couru pendant des heures à travers les sentiers forestiers et les espaces ouverts.

Běhal celé hodiny lesními cestami a otevřenými prostranstvími.

Il aimait suivre les lits des ruisseaux asséchés et espionner les oiseaux dans les arbres.

Rád sledoval vyschlá koryta potoků a pozoroval ptáky ve stromech.

Il pouvait rester caché toute la journée, à regarder les perdrix se pavaner.

Mohl by ležet schovaný celý den a pozorovat koroptve, jak se procházejí kolem.

Ils tambourinaient et marchaient, inconscients de la présence de Buck.

Bubnovali a pochodovali, aniž by si uvědomovali Buckovu stále přítomnou přítomnost.

Mais ce qu'il aimait le plus, c'était courir au crépuscule en été.

Ale nejvíc miloval běhání za soumraku v létě.

La faible lumière et les bruits endormis de la forêt le remplissaient de joie.

Tlumené světlo a ospalé lesní zvuky ho naplňovaly radostí.

Il lisait les panneaux forestiers aussi clairement qu'un homme lit un livre.

Četl lesní cedule stejně jasně, jako člověk čte knihu.

Et il cherchait toujours la chose étrange qui l'appelait.

A neustále hledal tu podivnou věc, která ho volala.

Cet appel ne s'est jamais arrêté : il l'atteignait qu'il soit éveillé ou endormi.

To volání nikdy nepřestávalo – doléhalo k němu, ať už byl vzhůru, nebo spal.

Une nuit, il se réveilla en sursaut, les yeux perçants et les oreilles hautes.

Jednou v noci se s trhnutím probudil, s bystrýma očima a nastraženýma ušima.

Ses narines se contractaient tandis que sa crinière se dressait en vagues.

Nozdry se mu škubaly, když se mu hříva ježila ve vlnách.

Du plus profond de la forêt, le son résonna à nouveau, le vieil appel.

Z hlubin lesa se znovu ozval zvuk, to staré volání.

Cette fois, le son résonnait clairement, un hurlement long, obsédant et familier.

Tentokrát zvuk zazněl jasně, dlouhé, pronikavé, známé vytí.

C'était comme le cri d'un husky, mais d'un ton étrange et sauvage.

Bylo to jako křik chraplavého psa, ale podivného a divokého tónu.

Buck reconnut immédiatement le son – il avait entendu exactement le même son depuis longtemps.

Buck ten zvuk poznal hned – přesně ten samý zvuk slyšel už dávno.

Il sauta à travers le camp et disparut rapidement dans les bois.

Proskočil táborem a rychle zmizel v lese.

Alors qu'il s'approchait du bruit, il ralentit et se déplaça avec précaution.

Jak se blížil k zvuku, zpomalil a pohyboval se opatrně.

Bientôt, il atteignit une clairière entre d'épais pins.

Brzy dorazil na mýtinu mezi hustými borovicemi.

Là, debout sur ses pattes arrière, était assis un loup des bois grand et maigre.

Tam, vzpřímeně na zadek, seděl vysoký, štíhlý lesní vlk.

Le nez du loup pointait vers le ciel, résonnant toujours de l'appel.

Vlčí čumák směřoval k nebi a stále se ozýval ozvěnou volání.

Buck n'avait émis aucun son, mais le loup s'arrêta et écouta.

Buck nevydal ani hlásku, přesto se vlk zastavil a naslouchal.

Sentant quelque chose, le loup se tendit, scrutant l'obscurité.

Vlk něco vycítil, napjal se a prohledával tmu.

Buck apparut en rampant, le corps bas, les pieds immobiles sur le sol.

Buck se vplížil do zorného pole, tělo při zemi, nohy tiše stály na zemi.

Sa queue était droite, son corps enroulé sous la tension.

Ocas měl rovný a tělo napjaté napětím.

Il a montré à la fois une menace et une sorte d'amitié brutale.

Projevoval zároveň hrozbu i jakési drsné přátelství.

C'était le salut prudent partagé par les bêtes sauvages.

Byl to ostražitý pozdrav, jaký sdílejí divoká zvířata.

Mais le loup se retourna et s'enfuit dès qu'il vit Buck.
Ale vlk se otočil a utekl, jakmile spatřil Bucka.

Buck se lança à sa poursuite, sautant sauvagement, désireux de le rattraper.
Buck se dal za ním, divoce poskakoval a dychtivě ho dohonil.

Il suivit le loup dans un ruisseau asséché bloqué par un embâcle.
Následoval vlka do vyschlého potoka zablokovaného dřevěným závalem.

Acculé, le loup se retourna et tint bon.
Zahnaný do kouta, vlk se otočil a zůstal stát na místě.

Le loup grognait et claquait comme un chien husky pris au piège dans un combat.
Vlk vrčel a štěkal jako chycený husky v boji.

Les dents du loup claquaient rapidement, son corps se hérissant d'une fureur sauvage.
Vlčí zuby rychle cvakaly a jeho tělo se ježilo divokou zuřivostí.

Buck n'attaqua pas mais encercla le loup avec une gentillesse prudente.
Buck nezaútočil, ale s opatrnou a přátelskou péčí vlka obešel.

Il a essayé de bloquer sa fuite par des mouvements lents et inoffensifs.
Snažil se mu zabránit v útěku pomalými, neškodnými pohyby.

Le loup était méfiant et effrayé : Buck le dépassait trois fois.
Vlk byl ostražitý a vyděšený – Buck ho třikrát převažoval.

La tête du loup atteignait à peine l'épaule massive de Buck.
Vlčí hlava sotva dosahovala Buckovi k mohutnému rameni.

À l'affût d'une brèche, le loup s'est enfui et la poursuite a repris.
Vlk hledal mezeru, dal se na útěk a honička se znovu rozpoutala.

Plusieurs fois, Buck l'a coincé et la danse s'est répétée.
Buck ho několikrát zahnal do kouta a tanec se opakoval.

Le loup était maigre et faible, sinon Buck n'aurait pas pu l'attraper.
Vlk byl hubený a slabý, jinak by ho Buck nemohl chytit.

Chaque fois que Buck s'approchait, le loup se retournait et lui faisait face avec peur.

Pokaždé, když se Buck přiblížil, vlk se otočil a s hrůzou se k němu postavil.

Puis, à la première occasion, il s'est précipité dans les bois une fois de plus.

Pak se při první příležitosti znovu rozběhl do lesa.

Mais Buck n'a pas abandonné et finalement le loup a fini par lui faire confiance.

Ale Buck se nevzdal a vlk mu nakonec začal důvěřovat.

Il renifla le nez de Buck, et les deux devinrent joueurs et alertes.

Čichl Buckovi k nosu a oba si hravě začali hrát a byli ostražití.

Ils jouaient comme des animaux sauvages, féroces mais timides dans leur joie.

Hráli si jako divoká zvířata, divocí, ale zároveň plachí ve své radosti.

Au bout d'un moment, le loup s'éloigna au trot avec un calme déterminé.

Po chvíli vlk s klidným a odhodlaným úmyslem odklusal pryč.

Il a clairement montré à Buck qu'il voulait être suivi.

Jasně Buckovi ukázal, že má v úmyslu být sledován.

Ils couraient côte à côte dans l'obscurité du crépuscule.

Běželi bok po boku šerem soumraku.

Ils suivirent le lit du ruisseau jusqu'à la gorge rocheuse.

Sledovali koryto potoka vzhůru do skalnaté rokle.

Ils traversèrent une ligne de partage des eaux froide où le ruisseau avait pris sa source.

Překročili chladnou předěl, kde pramenil potok.

Sur la pente la plus éloignée, ils trouvèrent une vaste forêt et de nombreux ruisseaux.

Na protějším svahu našli rozlehlý les a mnoho potoků.

À travers ce vaste territoire, ils ont couru pendant des heures sans s'arrêter.

Touto rozlehlou zemí běželi celé hodiny bez zastavení.

Le soleil se leva plus haut, l'air devint chaud, mais ils continuèrent à courir.

Slunce stoupalo výš, vzduch se oteploval, ale oni běželi dál.

Buck était rempli de joie : il savait qu'il répondait à son appel.

Bucka naplňovala radost – věděl, že odpovídá na své volání.

Il courut à côté de son frère de la forêt, plus près de la source de l'appel.

Běžel vedle svého lesního bratra, blíž ke zdroji volání.

De vieux sentiments sont revenus, puissants et difficiles à ignorer.

Staré city se vrátily, silné a těžko ignorovatelné.

C'étaient les vérités derrière les souvenirs de ses rêves.

To byly pravdy skryté za vzpomínkami z jeho snů.

Il avait déjà fait tout cela auparavant, dans un monde lointain et obscur.

Tohle všechno už předtím dělal ve vzdáleném a temném světě.

Il recommença alors, courant librement avec le ciel ouvert au-dessus.

Teď to udělal znovu, divoce pobíhal pod širým nebem nad sebou.

Ils s'arrêtèrent près d'un ruisseau pour boire l'eau froide qui coulait.

Zastavili se u potoka, aby se napili ze studené tekoucí vody.

Alors qu'il buvait, Buck se souvint soudain de John Thornton.

Zatímco pil, Buck si náhle vzpomněl na Johna Thorntona.

Il s'assit en silence, déchiré par l'attrait de la loyauté et de l'appel.

Mlčky se posadil, zmítán touhou loajality a povolání.

Le loup continua à trotter, mais revint pour pousser Buck à avancer.

Vlk klusal dál, ale vrátil se a pobídl Bucka vpřed.

Il renifla son nez et essaya de le cajoler avec des gestes doux.

Očechral si nos a jemnými gesty se ho snažil přemluvit.

Mais Buck se retourna et reprit le chemin par lequel il était venu.

Ale Buck se otočil a vydal se zpět stejnou cestou, jakou přišel.

Le loup courut à côté de lui pendant un long moment, gémissant doucement.

Vlk dlouho běžel vedle něj a tiše kňučel.

Puis il s'assit, leva le nez et poussa un long hurlement.

Pak se posadil, zvedl čumák a vydal dlouze zavytí.

C'était un cri lugubre, qui s'adoucit à mesure que Buck s'éloignait.

Byl to truchlivý výkřik, který slábl, jak Buck odcházel.

Buck écouta le son du cri s'estomper lentement dans le silence de la forêt.

Buck poslouchal, jak zvuk křiku pomalu doznívá v lesním tichu.

John Thornton était en train de dîner lorsque Buck a fait irruption dans le camp.

John Thornton jedl večeři, když Buck vtrhl do tábora.

Buck sauta sauvagement sur lui, le léchant, le mordant et le faisant culbuter.

Buck na něj divoce skočil, olizoval ho, kousal a převaloval ho.

Il l'a renversé, s'est hissé dessus et l'a embrassé sur le visage.

Srazil ho k zemi, vyšplhal se na něj a políbil ho na tvář.

Thornton appelait cela avec affection « jouer le fou du commun ».

Thornton to s láskou nazval „hraním si na obecného blázna".

Pendant tout ce temps, il maudissait doucement Buck et le secouait d'avant en arrière.

Celou dobu Bucka jemně proklínal a třásl s ním sem a tam.

Pendant deux jours et deux nuits entières, Buck n'a pas quitté le camp une seule fois.

Celé dva dny a noci Buck ani jednou neopustil tábor.

Il est resté proche de Thornton et ne l'a jamais quitté des yeux.

Držel se blízko Thorntona a nikdy ho nespouštěl z dohledu.

Il le suivait pendant qu'il travaillait et le regardait pendant qu'il mangeait.

Sledoval ho, když pracoval, a pozoroval ho, zatímco jedl.

Il voyait Thornton dans ses couvertures la nuit et dehors chaque matin.

Večer viděl Thorntona zahaleného do dek a každé ráno venku.

Mais bientôt l'appel de la forêt revint, plus fort que jamais.

Ale brzy se lesní volání vrátilo, hlasitější než kdy dřív.

Buck devint à nouveau agité, agité par les pensées du loup sauvage.

Buck se znovu znervózňoval, pohnut myšlenkami na divokého vlka.

Il se souvenait de la terre ouverte et de la course côte à côte.

Vzpomněl si na otevřenou krajinu a na běh bok po boku.

Il commença à errer à nouveau dans la forêt, seul et alerte.

Znovu se vydal na cestu lesem, sám a ostražitý.

Mais le frère sauvage ne revint pas et le hurlement ne fut pas entendu.

Ale divoký bratr se nevrátil a vytí nebylo slyšet.

Buck a commencé à dormir dehors, restant absent pendant des jours.

Buck začal spát venku a zůstával pryč i celé dny.

Une fois, il traversa la haute ligne de partage des eaux où le ruisseau commençait.

Jednou překročil vysoký rozvodí, kde pramenil potok.

Il entra dans le pays des bois sombres et des larges ruisseaux.

Vstoupil do země temných lesů a širokých potoků.

Pendant une semaine, il a erré, à la recherche de signes de son frère sauvage.

Týden se toulal a hledal známky svého divokého bratra.

Il tuait sa propre viande et voyageait à grands pas, sans relâche.

Zabíjel si vlastní maso a cestoval dlouhými, neúnavnými kroky.

Il pêchait le saumon dans une large rivière qui se jetait dans la mer.

Lovil lososy v široké řece, která sahala do moře.

Là, il combattit et tua un ours noir rendu fou par les insectes.

Tam bojoval a zabil černého medvěda rozzuřeného brouky.

L'ours était en train de pêcher et courait aveuglément à travers les arbres.

Medvěd lovil ryby a poslepu běžel mezi stromy.

La bataille fut féroce, réveillant le profond esprit combatif de Buck.

Bitva byla nelítostná a probudila Buckovu hlubokou bojovnost.

Deux jours plus tard, Buck est revenu et a trouvé des carcajous près de sa proie.

O dva dny později se Buck vrátil a u své kořisti našel rosomáky.

Une douzaine d'entre eux se disputaient la viande avec une fureur bruyante.

Tucet z nich se hlučně a zuřivě hádalo o maso.

Buck chargea et les dispersa comme des feuilles dans le vent.

Buck se na ně vrhl a rozptýlil je jako listí ve větru.

Deux loups restèrent derrière, silencieux, sans vie et immobiles pour toujours.

Dva vlci zůstali pozadu – tiší, bez života a navždy nehybní.

La soif de sang était plus forte que jamais.

Žízeň po krvi byla silnější než kdy dřív.

Buck était un chasseur, un tueur, se nourrissant de créatures vivantes.

Buck byl lovec, zabiják, který se živil živými tvory.

Il a survécu seul, en s'appuyant sur sa force et ses sens aiguisés.

Přežil sám, spoléhal se na svou sílu a bystré smysly.

Il prospérait dans la nature, où seuls les plus résistants pouvaient vivre.

Dařilo se mu v divočině, kde mohli žít jen ti nejtvrdší.

De là, une grande fierté s'éleva et remplit tout l'être de Buck.

Z toho se v Buckovi zrodila velká hrdost a naplnila celou jeho bytost.

Sa fierté se reflétait dans chacun de ses pas, dans le mouvement de chacun de ses muscles.

Jeho hrdost se projevovala v každém jeho kroku, v chvění každého svalu.

Sa fierté était aussi claire qu'un discours, visible dans la façon dont il se comportait.

Jeho hrdost byla jasná jako řeč, což bylo patrné z toho, jak se držel.

Même son épais pelage semblait plus majestueux et brillait davantage.

Dokonce i jeho hustá srst vypadala majestátněji a zářila jasněji.

Buck aurait pu être confondu avec un loup géant.

Bucka si mohli splést s obřím lesním vlkem.

À l'exception du brun sur son museau et des taches au-dessus de ses yeux.

Kromě hnědé barvy na tlamě a skvrn nad očima.

Et la traînée de fourrure blanche qui courait au milieu de sa poitrine.

A bílý pruh srsti, který mu táhl středem hrudníku.

Il était encore plus grand que le plus grand loup de cette race féroce.

Byl dokonce větší než největší vlk té divoké rasy.

Son père, un Saint-Bernard, lui a donné de la taille et une ossature lourde.

Jeho otec, svatý Bernard, mu dal velikost a mohutnou postavu.

Sa mère, une bergère, a façonné cette masse en forme de loup.

Jeho matka, pastýřka, vytvarovala tu masu do vlčí podoby.

Il avait le long museau d'un loup, bien que plus lourd et plus large.

Měl dlouhý čenich vlka, i když mohutnější a širší.

Sa tête était celle d'un loup, mais construite à une échelle massive et majestueuse.

Jeho hlava byla vlčí, ale byla mohutná a majestátní.

La ruse de Buck était la ruse du loup et de la nature.

Buckova lstivost byla lstivost vlka a divočiny.

Son intelligence lui vient à la fois du berger allemand et du Saint-Bernard.

Jeho inteligence pocházela jak od německého ovčáka, tak od svatého Bernarda.

Tout cela, ajouté à une expérience difficile, faisait de lui une créature redoutable.

To všechno, plus drsné zkušenosti, z něj udělaly děsivého tvora.

Il était aussi redoutable que n'importe quelle bête qui parcourait les régions sauvages du nord.

Byl stejně impozantní jako kterákoli jiná bestie potulující se severní divočinou.

Ne se nourrissant que de viande, Buck a atteint le sommet de sa force.

Buck, žijící pouze na mase, dosáhl vrcholu své síly.

Il débordait de puissance et de force masculine dans chaque fibre de son être.

V každém vlákně svého těla překypoval mocí a mužskou silou.

Lorsque Thornton lui caressait le dos, ses poils brillaient d'énergie.

Když ho Thornton pohladil po zádech, chloupky se mu energií zajiskřily.

Chaque cheveu crépitait, chargé du contact du magnétisme vivant.

Každý vlas praskal, nabitý dotekem živoucí síly.

Son corps et son cerveau étaient réglés sur le ton le plus fin possible.

Jeho tělo i mozek byly naladěny na tu nejjemnější možnou notu.

Chaque nerf, chaque fibre et chaque muscle fonctionnaient en parfaite harmonie.

Každý nerv, vlákno a sval fungovaly v dokonalé harmonii.

À tout son ou toute vue nécessitant une action, il répondait instantanément.

Na jakýkoli zvuk nebo pohled vyžadující akci reagoval okamžitě.

Si un husky sautait pour attaquer, Buck pouvait sauter deux fois plus vite.

Pokud by husky skočil k útoku, Buck by dokázal skočit dvakrát rychleji.

Il a réagi plus vite que les autres ne pouvaient le voir ou l'entendre.

Reagoval rychleji, než ho ostatní stihli vidět nebo slyšet.

La perception, la décision et l'action se sont produites en un seul instant fluide.

Vnímání, rozhodnutí a akce se odehrály v jednom plynulém okamžiku.

En vérité, ces actes étaient distincts, mais trop rapides pour être remarqués.

Ve skutečnosti byly tyto činy oddělené, ale příliš rychlé na to, aby si jich bylo možné všimnout.

Les intervalles entre ces actes étaient si brefs qu'ils semblaient n'en faire qu'un.

Mezery mezi těmito činy byly tak krátké, že se zdály být jedno.

Ses muscles et son être étaient comme des ressorts étroitement enroulés.

Jeho svaly a bytost byly jako pevně stočené pružiny.

Son corps débordait de vie, sauvage et joyeux dans sa puissance.

Jeho tělo překypovalo životem, divoké a radostné ve své síle.

Parfois, il avait l'impression que la force allait jaillir de lui entièrement.

Občas měl pocit, jako by z něj ta síla každou chvíli vyprchala.

« Il n'y a jamais eu un tel chien », a déclaré Thornton un jour tranquille.

„Nikdy tu nebyl takový pes," řekl Thornton jednoho klidného dne.

Les partenaires regardaient Buck sortir fièrement du camp.

Partneři sledovali, jak Buck hrdě odchází z tábora.

« Lorsqu'il a été créé, il a changé ce que pouvait être un chien », a déclaré Pete.

„Když byl stvořen, změnil to, kým pes může být," řekl Pete.

« Par Jésus ! Je le pense moi-même », acquiesça rapidement Hans.

„Při Ježíši! Myslím si to taky," souhlasil rychle Hans.

Ils l'ont vu s'éloigner, mais pas le changement qui s'est produit après.

Viděli ho odcházet, ale ne změnu, která přišla potom.

Dès qu'il est entré dans les bois, Buck s'est complètement transformé.

Jakmile Buck vstoupil do lesa, úplně se proměnil.

Il ne marchait plus, mais se déplaçait comme un fantôme sauvage parmi les arbres.

Už nepochodoval, ale pohyboval se jako divoký duch mezi stromy.

Il devint silencieux, les pieds comme un chat, une lueur traversant les ombres.

Ztichl, našlapoval jako kočka, jako záblesk procházející stíny.

Il utilisait la couverture avec habileté, rampant sur le ventre comme un serpent.

Krytí používal obratně a plazil se po břiše jako had.

Et comme un serpent, il pouvait bondir en avant et frapper en silence.

A jako had mohl vyskočit vpřed a tiše udeřit.

Il pourrait voler un lagopède directement dans son nid caché.

Mohl ukrást bělokura přímo z jeho skrytého hnízda.

Il a tué des lapins endormis sans un seul bruit.

Zabil spící králíky bez jediného zvuku.

Il pouvait attraper des tamias en plein vol alors qu'ils fuyaient trop lentement.

Dokázal chytit veverky ve vzduchu, když prchaly příliš pomalu.

Même les poissons dans les bassins ne pouvaient échapper à ses attaques soudaines.

Ani ryby v tůních neunikly jeho náhlým úderům.

Même les castors astucieux qui réparaient les barrages n'étaient pas à l'abri de lui.

Ani chytří bobři opravující hráze před ním nebyli v bezpečí.

Il tuait pour se nourrir, pas pour le plaisir, mais il préférait tuer ses propres victimes.

Zabíjel pro jídlo, ne pro zábavu – ale nejraději měl své vlastní úlovky.

Pourtant, un humour sournois traversait certaines de ses chasses silencieuses.

Přesto se některými jeho tichými lovy prolínal lstivý humor.

Il s'est approché des écureuils, mais les a laissés s'échapper.

Připlížil se blízko k veverkám, jen aby je nechal utéct.

Ils allaient fuir vers les arbres, bavardant dans une rage effrayée.

Chystali se uprchnout mezi stromy a štěbetat děsivým vztekem.

À l'arrivée de l'automne, les orignaux ont commencé à apparaître en plus grand nombre.

S příchodem podzimu se losů začalo objevovat ve větším počtu.

Ils se sont déplacés lentement vers les basses vallées pour affronter l'hiver.

Pomalu se přesouvali do nízkých údolí, aby se setkali se zimou.

Buck avait déjà abattu un jeune veau errant.

Buck už ukořistil jedno mladé, zatoulané tele.

Mais il aspirait à affronter des proies plus grandes et plus dangereuses.

Ale toužil čelit větší a nebezpečnější kořisti.

Un jour, à la ligne de partage des eaux, à la tête du ruisseau, il trouva sa chance.

Jednoho dne na rozvodí, u pramene potoka, našel svou šanci.

Un troupeau de vingt orignaux avait traversé des terres boisées.

Stádo dvaceti losů přešlo přes lesnatou krajinu.

Parmi eux se trouvait un puissant taureau, le chef du groupe.

Mezi nimi byl mocný býk; vůdce skupiny.

Le taureau mesurait plus de six pieds de haut et avait l'air féroce et sauvage.

Býk měřil přes šest stop a vypadal divoce a zuřivě.

Il lança ses larges bois, quatorze pointes se ramifiant vers l'extérieur.

Odhodil svými širokými parohy, z nichž se čtrnáct špiček rozvětvovalo ven.

Les extrémités de ces bois s'étendaient sur sept pieds de large.

Špičky těchto paroží se táhly až dva metry napříč.

Ses petits yeux brûlaient de rage lorsqu'il aperçut Buck à proximité.

Jeho malé oči hořely vzteky, když zahlédl Bucka poblíž.

Il poussa un rugissement furieux, tremblant de fureur et de douleur.

Vydal zuřivý řev, třásl se vzteky a bolestí.

Une pointe de flèche sortait près de son flanc, empennée et pointue.

Z boku mu trčel konec šípu, opeřený a ostrý.

Cette blessure a contribué à expliquer son humeur sauvage et amère.

Tato rána pomáhala vysvětlit jeho divokou, hořkou náladu.

Buck, guidé par un ancien instinct de chasseur, a fait son mouvement.

Buck, vedený starodávným loveckým instinktem, se pohnul.

Son objectif était de séparer le taureau du reste du troupeau.

Jeho cílem bylo oddělit býka od zbytku stáda.

Ce n'était pas une tâche facile : il fallait de la rapidité et une ruse féroce.

To nebyl snadný úkol – vyžadovalo to rychlost a nelítostnou lstivost.

Il aboyait et dansait près du taureau, juste hors de portée.

Štěkal a tančil blízko býka, těsně mimo jeho dosah.

L'élan s'est précipité avec d'énormes sabots et des bois mortels.

Los se vrhl s obrovskými kopyty a smrtícími parohy.

Un seul coup aurait pu mettre fin à la vie de Buck en un clin d'œil.

Jedna rána mohla Buckův život ukončit v mžiku.

Incapable de laisser la menace derrière lui, le taureau devint fou.

Býk, který nebyl schopen hrozbu nechat za sebou, se rozzuřil.

Il chargea avec fureur, mais Buck s'échappa toujours.
V zuřivosti se vrhl do útoku, ale Buck vždycky utekl.
Buck simula une faiblesse, l'attirant plus loin du troupeau.
Buck předstíral slabost a lákal ho tak dál od stáda.
Mais les jeunes taureaux allaient charger pour protéger le leader.
Ale mladí býci se chystali zaútočit, aby vůdce ochránili.
Ils ont forcé Buck à battre en retraite et le taureau à rejoindre le groupe.
Donutili Bucka ustoupit a býka, aby se znovu připojil ke skupině.
Il y a une patience dans la nature, profonde et imparable.
V divočině existuje trpělivost, hluboká a nezastavitelná.
Une araignée attend immobile dans sa toile pendant d'innombrables heures.
Pavouk čeká nehybně ve své síti nespočet hodin.
Un serpent s'enroule sans tressaillement et attend que son heure soit venue.
Had se svíjí bez škubnutí a čeká, až nastane čas.
Une panthère se tient en embuscade, jusqu'à ce que le moment arrive.
Panter číhá v záloze, dokud nenastane ten správný okamžik.
C'est la patience des prédateurs qui chassent pour survivre.
To je trpělivost predátorů, kteří loví, aby přežili.
Cette même patience brûlait à l'intérieur de Buck alors qu'il restait proche.
Stejná trpělivost hořela v Buckovi, když zůstával nablízku.
Il resta près du troupeau, ralentissant sa marche et suscitant la peur.
Zůstal blízko stáda, zpomaloval jeho pochod a vyvolával strach.
Il taquinait les jeunes taureaux et harcelait les vaches mères.
Škádlil mladé býky a obtěžoval kravské matky.
Il a plongé le taureau blessé dans une rage encore plus profonde et impuissante.
Dohnal zraněného býka k hlubšímu, bezmocnému vzteku.

Pendant une demi-journée, le combat s'est prolongé sans aucun répit.

Půl dne se boj vlekl bez jakéhokoli odpočinku.

Buck attaquait sous tous les angles, rapide et féroce comme le vent.

Buck útočil ze všech úhlů, rychlý a divoký jako vítr.

Il a empêché le taureau de se reposer ou de se cacher avec son troupeau.

Zabraňoval býkovi odpočívat nebo se schovávat se svým stádem.

Le cerf a épuisé la volonté de l'élan plus vite que son corps.

Buck unavoval losovu vůli rychleji než jeho tělo.

La journée passa et le soleil se coucha bas dans le ciel du nord-ouest.

Den uplynul a slunce kleslo nízko na severozápadní obloze.

Les jeunes taureaux revinrent plus lentement pour aider leur chef.

Mladí býci se vraceli pomaleji, aby pomohli svému vůdci.

Les nuits d'automne étaient revenues et l'obscurité durait désormais six heures.

Vrátily se podzimní noci a tma nyní trvala šest hodin.

L'hiver les poussait vers des vallées plus sûres et plus chaudes.

Zima je tlačila z kopce do bezpečnějších a teplejších údolí.

Mais ils ne pouvaient toujours pas échapper au chasseur qui les retenait.

Ale stále nemohli uniknout lovci, který je zadržoval.

Une seule vie était en jeu : pas celle du troupeau, mais celle de leur chef.

V sázce byl jen jeden život – ne život stáda, ale život jejich vůdce.

Cela rendait la menace lointaine et non leur préoccupation urgente.

Díky tomu byla hrozba vzdálená a ne jejich naléhavým problémem.

Au fil du temps, ils ont accepté ce prix et ont laissé Buck prendre le vieux taureau.

Časem tuto cenu akceptovali a nechali Bucka, ať si starého býka vezme.

Alors que le crépuscule s'installait, le vieux taureau se tenait debout, la tête baissée.

Když se snášel soumrak, starý býk stál se sklopenou hlavou.

Il regarda le troupeau qu'il avait conduit disparaître dans la lumière déclinante.

Sledoval, jak stádo, které vedl, mizí v slábnoucím světle.

Il y avait des vaches qu'il avait connues, des veaux qu'il avait autrefois engendrés.

Byly tam krávy, které znal, telata, jejichž byl kdysi otcem.

Il y avait des taureaux plus jeunes qu'il avait combattus et dominés au cours des saisons précédentes.

V minulých sezónách bojoval s mladšími býky a vládl jim.

Il ne pouvait pas les suivre, car Buck était à nouveau accroupi devant lui.

Nemohl je následovat – před ním se totiž znovu krčil Buck.

La terreur impitoyable aux crocs bloquait tous les chemins qu'il pouvait emprunter.

Nemilosrdná hrůza s tesáky mu blokovala každou cestu, kterou se mohl vydat.

Le taureau pesait plus de trois cents livres de puissance dense.

Býk vážil více než tři sta kilogramů husté síly.

Il avait vécu longtemps et s'était battu avec acharnement dans un monde de luttes.

Žil dlouho a tvrdě bojoval ve světě plném bojů.

Mais maintenant, à la fin, la mort venait d'une bête bien en dessous de lui.

Přesto teď, na konci, smrt přišla od bestie hluboko pod ním.

La tête de Buck n'atteignait même pas les énormes genoux noueux du taureau.

Buckova hlava se ani nezvedla k býčím obrovským, kloubatým kolenům.

À partir de ce moment, Buck resta avec le taureau nuit et jour.

Od té chvíle zůstával Buck s býkem dnem i nocí.

Il ne lui a jamais laissé de repos, ne lui a jamais permis de brouter ou de boire.

Nikdy mu nedal odpočinek, nikdy mu nedovolil se pást ani pít.

Le taureau a essayé de manger de jeunes pousses de bouleau et des feuilles de saule.

Býk se snažil sežrat mladé březové výhonky a vrbové listy.

Mais Buck le repoussa, toujours alerte et toujours attaquant.

Ale Buck ho odehnal, vždycky ve střehu a pořád útočil.

Même dans les ruisseaux qui ruisselaient, Buck bloquait toute tentative assoiffée.

I u tekoucí vody Buck blokoval každý žíznivý pokus.

Parfois, par désespoir, le taureau s'enfuyait à toute vitesse.

Někdy býk v zoufalství uprchl plnou rychlostí.

Buck le laissa courir, galopant calmement juste derrière, jamais très loin.

Buck ho nechal běžet, klidně pobíhal hned za ním, nikdy nebyl daleko.

Lorsque l'élan s'arrêta, Buck s'allongea, mais resta prêt.

Když se los zastavil, Buck si lehl, ale zůstal připravený.

Si le taureau essayait de manger ou de boire, Buck frappait avec une fureur totale.

Pokud se býk pokusil jíst nebo pít, Buck udeřil s plnou zuřivostí.

La grosse tête du taureau s'affaissait sous ses vastes bois.

Býčí mohutná hlava se pod mohutnými parohy schýlila níž.

Son rythme ralentit, le trot devint lourd, une marche trébuchante.

Jeho tempo zpomalilo, klus se změnil v těžký; klopýtající chůzi.

Il restait souvent immobile, les oreilles tombantes et le nez au sol.

Často stál nehybně se sklopenýma ušima a čumákem u země.

Pendant ces moments-là, Buck prenait le temps de boire et de se reposer.

Během těchto chvil si Buck udělal čas na pití a odpočinek.

La langue tirée, les yeux fixés, Buck sentait que la terre était en train de changer.

S vyplazeným jazykem a upřenýma očima Buck cítil, že se krajina mění.

Il sentit quelque chose de nouveau se déplacer dans la forêt et dans le ciel.

Cítil, jak se lesem a oblohou pohybuje něco nového.

Avec le retour des orignaux, d'autres créatures sauvages ont fait de même.

S návratem losů se vraceli i další divoká zvířata.

La terre semblait vivante, avec une présence invisible mais fortement connue.

Země se zdála být plně oživená, neviditelná, ale silně známá.

Ce n'était ni par l'ouïe, ni par la vue, ni par l'odorat que Buck le savait.

Buck to nepoznal zvukem, zrakem ani čichem.

Un sentiment plus profond lui disait que de nouvelles forces étaient en mouvement.

Hlubší smysl mu napovídal, že se hýbou nové síly.

Une vie étrange s'agitait dans les bois et le long des ruisseaux.

V lesích a podél potoků se vířil zvláštní život.

Il a décidé d'explorer cet esprit, une fois la chasse terminée.

Rozhodl se, že po skončení lovu tohoto ducha prozkoumá.

Le quatrième jour, Buck a finalement abattu l'élan.

Čtvrtého dne Buck konečně losa ulovil.

Il est resté près de la proie pendant une journée et une nuit entières, se nourrissant et se reposant.

Zůstal u kořisti celý den a noc, krmil se a odpočíval.

Il mangea, puis dormit, puis mangea à nouveau, jusqu'à ce qu'il soit fort et rassasié.

Jedl, pak spal a pak zase jedl, dokud nebyl silný a sytý.

Lorsqu'il fut prêt, il retourna vers le camp et Thornton.

Když byl připraven, otočil se zpět k táboru a Thorntonu.

D'un pas régulier, il commença le long voyage de retour vers la maison.

Stabilním tempem se vydal na dlouhou cestu domů.

Il courait d'un pas infatigable, heure après heure, sans jamais s'égarer.

Běžel svým neúnavným klusem, hodinu za hodinou, a ani jednou se neodchýlil od cesty.

À travers des terres inconnues, il se déplaçait droit comme l'aiguille d'une boussole.

Neznámými zeměmi se pohyboval přímo jako střelka kompasu.

Son sens de l'orientation faisait paraître l'homme et la carte faibles en comparaison.

Jeho smysl pro orientaci v porovnání s ním působil slabě, člověk i mapa.

Tandis que Buck courait, il sentait plus fortement l'agitation dans la terre sauvage.

Jak Buck běžel, cítil stále silněji pohyb v divočině.

C'était un nouveau genre de vie, différent de celui des mois calmes de l'été.

Byl to nový druh života, na rozdíl od života v klidných letních měsících.

Ce sentiment n'était plus un message subtil ou distant.

Tento pocit už nepřicházel jako jemné nebo vzdálené poselství.

Maintenant, les oiseaux parlaient de cette vie et les écureuils en bavardaient.

Nyní o tomto životě mluvili ptáci a veverky o něm štěbetaly.

Même la brise murmurait des avertissements à travers les arbres silencieux.

Dokonce i vánek šeptal varování skrz tiché stromy.

Il s'arrêta à plusieurs reprises et respira l'air frais du matin.

Několikrát se zastavil a nasál čerstvý ranní vzduch.

Il y lut un message qui le fit bondir plus vite en avant.

Přečetl si tam zprávu, která ho přiměla rychleji vykročit vpřed.

Un lourd sentiment de danger l'envahit, comme si quelque chose s'était mal passé.

Naplnil ho těžký pocit nebezpečí, jako by se něco pokazilo.

Il craignait qu'une catastrophe ne se produise – ou ne soit déjà arrivée.

Bál se, že se blíží – nebo už přišla – pohroma.

Il franchit la dernière crête et entra dans la vallée en contrebas.

Přešel poslední hřeben a vstoupil do údolí pod ním.

Il se déplaçait plus lentement, alerte et prudent à chaque pas.

Pohyboval se pomaleji, s každým krokem ostražitě a opatrně.

À trois milles de là, il trouva une piste fraîche qui le fit se raidir.

Po třech mílích narazil na novou stezku, která ho ztuhla.

Les cheveux le long de son cou ondulaient et se hérissaient d'alarme.

Vlasy na krku se mu zježily a zavlnily poplachem.

Le sentier menait directement au camp où Thornton attendait.

Stezka vedla přímo k táboru, kde čekal Thornton.

Buck se déplaçait désormais plus rapidement, sa foulée à la fois silencieuse et rapide.

Buck se teď pohyboval rychleji, jeho kroky byly tiché a rychlé zároveň.

Ses nerfs se sont resserrés lorsqu'il a lu des signes que d'autres allaient manquer.

Nervy se mu napínaly, když četl náznaky, které ostatní přehlédnou.

Chaque détail du sentier racontait une histoire, sauf le dernier morceau.

Každý detail na stezce vyprávěl příběh – kromě posledního kousku.

Son nez lui parlait de la vie qui s'était déroulée ici.

Jeho nos mu vyprávěl o životě, který tudy uplynul.

L'odeur lui donnait une image changeante alors qu'il le suivait de près.

Vůně mu, jak ho těsně následoval, vykreslovala proměnlivý obraz.

Mais la forêt elle-même était devenue silencieuse, anormalement immobile.

Ale les sám ztichl; byl nepřirozeně tichý.

Les oiseaux avaient disparu, les écureuils étaient cachés, silencieux et immobiles.

Ptáci zmizeli, veverky se schovaly, tiché a nehybné.

Il n'a vu qu'un seul écureuil gris, allongé sur un arbre mort.

Viděl jen jednu šedou veverku, ležící na mrtvém stromě.

L'écureuil se fondait dans la masse, raide et immobile comme une partie de la forêt.

Veverka se vmísila do lesa, ztuhlá a nehybná.

Buck se déplaçait comme une ombre, silencieux et sûr à travers les arbres.

Buck se pohyboval jako stín, tiše a jistě mezi stromy.

Son nez se souleva sur le côté comme s'il était tiré par une main invisible.

Jeho nos se trhl do strany, jako by ho tahala neviditelná ruka.

Il se retourna et suivit la nouvelle odeur jusqu'au plus profond d'un fourré.

Otočil se a vydal se za novým pachem hluboko do houští.

Là, il trouva Nig, étendu mort, transpercé par une flèche.

Tam našel Niga, ležícího mrtvého, probodnutého šípem.

La flèche traversa son corps, laissant encore apparaître ses plumes.

Šíp prošel jeho tělem, peří bylo stále vidět.

Nig s'était traîné jusqu'ici, mais il était mort avant d'avoir pu obtenir de l'aide.

Nig se tam dotáhl sám, ale zemřel dříve, než se dostal k pomoci.

Une centaine de mètres plus loin, Buck trouva un autre chien de traîneau.

Ó sto metrů dál Buck našel dalšího spřežení.

C'était un chien que Thornton avait racheté à Dawson City.

Byl to pes, kterého Thornton koupil v Dawson City.

Le chien était en proie à une lutte à mort, se débattant violemment sur le sentier.

Pes se zmítal na smrt a tvrdě se třepal po stezce.

Buck le contourna sans s'arrêter, les yeux fixés devant lui.

Buck ho obešel, nezastavoval se a upíral zrak před sebe.

Du côté du camp venait un chant lointain et rythmé.

Z tábora se ozýval vzdálený, rytmický zpěv.

Les voix s'élevaient et retombaient sur un ton étrange, inquiétant et chantant.

Hlasy se ozývaly podivným, tajemným, zpívajícím tónem.

Buck rampa jusqu'au bord de la clairière en silence.

Buck se mlčky plazil vpřed k okraji mýtiny.

Là, il vit Hans étendu face contre terre, percé de nombreuses flèches.

Tam uviděl Hanse ležícího tváří dolů, probodnutého mnoha šípy.

Son corps ressemblait à celui d'un porc-épic, hérissé de plumes.

Jeho tělo vypadalo jako dikobraz, poseté opeřenými šípy.

Au même moment, Buck regarda vers le pavillon en ruine.

Ve stejném okamžiku se Buck podíval směrem k rozbořené chatě.

Cette vue lui fit dresser les cheveux sur la nuque et les épaules.

Z toho pohledu se mu zježily vlasy na krku a ramenou.

Une tempête de rage sauvage parcourut tout le corps de Buck.

Buckovým tělem se prohnala bouře divokého vzteku.

Il grogna à haute voix, même s'il ne savait pas qu'il l'avait fait.

Zavrčel nahlas, i když o tom nevěděl.

Le son était brut, rempli d'une fureur terrifiante et sauvage.

Zvuk byl syrový, plný děsivé, divoké zuřivosti.

Pour la dernière fois de sa vie, Buck a perdu la raison au profit de l'émotion.

Buck naposledy v životě ztratil rozum.

C'est l'amour pour John Thornton qui a brisé son contrôle minutieux.

Byla to láska k Johnu Thorntonovi, která zlomila jeho pečlivou sebeovládání.

Les Yeehats dansaient autour de la hutte en épicéa détruite.

Yeehatové tančili kolem zřícené smrkové chatrče.

Puis un rugissement retentit et une bête inconnue chargea vers eux.

Pak se ozval řev – a neznámá bestie se k nim vrhla.

C'était Buck ; une fureur en mouvement ; une tempête vivante de vengeance.

Byl to Buck; zuřivost v pohybu; živoucí bouře pomsty.

Il se jeta au milieu d'eux, fou du besoin de tuer.

Vrhnul se mezi ně, šílený touhou zabíjet.

Il sauta sur le premier homme, le chef Yeehat, et frappa juste.

Skočil na prvního muže, náčelníka Yeehatů, a udeřil přímo do cíle.

Sa gorge fut déchirée et du sang jaillit à flots.

Měl roztržené hrdlo a krev z něj stříkala proudem.

Buck ne s'arrêta pas, mais déchira la gorge de l'homme suivant d'un seul bond.

Buck se nezastavil, ale jedním skokem roztrhl hrdlo dalšímu muži.

Il était inarrêtable : il déchirait, taillait, ne s'arrêtait jamais pour se reposer.

Byl nezastavitelný – trhal, sekal a nikdy se nezastavil k odpočinku.

Il s'élança et bondit si vite que leurs flèches ne purent l'atteindre.

Vrhl se a skákal tak rychle, že se ho jejich šípy nemohly zasáhnout.

Les Yeehats étaient pris dans leur propre panique et confusion.

Yeehati byli zachváceni vlastní panikou a zmatkem.

Leurs flèches manquèrent Buck et se frappèrent l'une l'autre à la place.

Jejich šípy minuly Bucka a místo toho se zasáhly jeden navzájem.

Un jeune homme a lancé une lance sur Buck et a touché un autre homme.

Jeden mladík hodil po Buckovi kopí a zasáhl jiného muže.

La lance lui transperça la poitrine, la pointe lui transperçant le dos.

Kopí mu probodlo hruď a hrot mu vyrazil záda.

La terreur s'empara des Yeehats et ils se mirent en retraite.

Yeehaty zachvátil strach a oni se dali na úplný ústup.

Ils crièrent à l'Esprit Maléfique et s'enfuirent dans les ombres de la forêt.

Křičeli na zlého ducha a uprchli do lesních stínů.

Vraiment, Buck était comme un démon alors qu'il poursuivait les Yeehats.

Buck byl vskutku jako démon, když pronásledoval Yeehaty.

Il les poursuivit à travers la forêt, les faisant tomber comme des cerfs.

Hnal se za nimi lesem a srážel je k zemi jako jeleny.

Ce fut un jour de destin et de terreur pour les Yeehats effrayés.

Pro vyděšené Yeehaty se to stal dnem osudu a hrůzy.

Ils se dispersèrent à travers le pays, fuyant au loin dans toutes les directions.

Rozprchli se po celé zemi a prchali všemi směry.

Une semaine entière s'est écoulée avant que les derniers survivants ne se retrouvent dans une vallée.

Uplynul celý týden, než se poslední přeživší setkali v údolí.

Ce n'est qu'alors qu'ils ont compté leurs pertes et parlé de ce qui s'était passé.

Teprve pak spočítali své ztráty a mluvili o tom, co se stalo.

Buck, après s'être lassé de la chasse, retourna au camp en ruine.

Buck se unavil honičkou a vrátil se do zničeného tábora.

Il a trouvé Pete, toujours dans ses couvertures, tué lors de la première attaque.

Našel Peta, stále zabaleného v dekách, zabitého při prvním útoku.

Les signes du dernier combat de Thornton étaient marqués dans la terre à proximité.

V nedaleké hlíně byly patrné stopy Thorntonova posledního boje.

Buck a suivi chaque trace, reniflant chaque marque jusqu'à un point final.

Buck sledoval každou stopu a čichal ke každému znaménku až do konečného bodu.

Au bord d'un bassin profond, il trouva le fidèle Skeet, allongé immobile.

Na okraji hluboké tůně našel věrného Skeeta, jak nehybně leží.

La tête et les pattes avant de Skeet étaient dans l'eau, immobiles dans la mort.

Skeetova hlava a přední tlapky byly ve vodě, nehybné jako smrt.

La piscine était boueuse et contaminée par les eaux de ruissellement provenant des écluses.

Bazén byl kalný a znečištěný odtokem ze zdymadel.

Sa surface nuageuse cachait ce qui se trouvait en dessous, mais Buck connaissait la vérité.

Jeho zakalený povrch skrýval, co leželo pod ním, ale Buck znal pravdu.

Il a suivi l'odeur de Thornton dans la piscine, mais l'odeur ne menait nulle part ailleurs.

Sledoval Thorntonův pach do bazénu – ale pach nikam jinam nevedl.

Aucune odeur ne menait à l'extérieur, seulement le silence des eaux profondes.

Nebyl z něj cítit žádný pach – jen ticho hluboké vody.

Toute la journée, Buck resta près de la piscine, arpentant le camp avec chagrin.

Celý den Buck zůstal u jezírka a zarmouceně přecházel po táboře.

Il errait sans cesse ou restait assis, immobile, perdu dans ses pensées.

Neklidně se toulal nebo seděl v tichosti, pohroužený do těžkých myšlenek.

Il connaissait la mort, la fin de la vie, la disparition de tout mouvement.

Znal smrt; konec života; mizení veškerého pohybu.

Il comprit que John Thornton était parti et ne reviendrait jamais.

Chápal, že John Thornton je pryč a už se nikdy nevrátí.

La perte a laissé en lui un vide qui palpitait comme la faim.

Ztráta v něm zanechala prázdnotu, která pulzovala jako hlad.

Mais c'était une faim que la nourriture ne pouvait apaiser, peu importe la quantité qu'il mangeait.

Ale tohle byl hlad, který jídlo nemohlo utišit, ať snědl sebevíc.

Parfois, alors qu'il regardait les Yeehats morts, la douleur s'estompait.

Občas, když se podíval na mrtvé Yeehaty, bolest polevovala.

Et puis une étrange fierté monta en lui, féroce et complète.

A pak se v něm zvedla podivná hrdost, prudká a nezdolná.

Il avait tué l'homme, le gibier le plus élevé et le plus dangereux de tous.

Zabil člověka, což byla ta nejvyšší a nejnebezpečnější zvěř ze všech.

Il avait tué au mépris de l'ancienne loi du gourdin et des crocs.

Zabil v rozporu se starodávným zákonem kyje a tesáku.

Buck renifla leurs corps sans vie, curieux et pensif.

Buck zvědavě a zamyšleně čichal k jejich bezvládným tělům.

Ils étaient morts si facilement, bien plus facilement qu'un husky dans un combat.

Zemřeli tak snadno – mnohem snadněji než husky v boji.

Sans leurs armes, ils n'avaient aucune véritable force ni menace.

Bez zbraní neměli žádnou skutečnou sílu ani hrozbu.

Buck n'aurait plus jamais peur d'eux, à moins qu'ils ne soient armés.

Buck se jich už nikdy nebude bát, pokud nebudou ozbrojeni.

Ce n'est que lorsqu'ils portaient des gourdins, des lances ou des flèches qu'il se méfiait.

Dával si pozor jen tehdy, když nosili kyje, oštěpy nebo šípy.

La nuit tomba et une pleine lune se leva au-dessus de la cime des arbres.

Padla noc a úplněk vystoupil vysoko nad koruny stromů.

La pâle lumière de la lune baignait la terre d'une douce lueur fantomatique, comme le jour.

Bledé světlo měsíce zalévalo zemi jemnou, přízračnou září jako ve dne.

Alors que la nuit s'approfondissait, Buck pleurait toujours au bord de la piscine silencieuse.

Jak se noc prohlubovala, Buck stále truchlil u tichého jezírka.

Puis il prit conscience d'un autre mouvement dans la forêt.

Pak si v lese uvědomil jiný ruch.

L'agitation ne venait pas des Yeehats, mais de quelque chose de plus ancien et de plus profond.

To rušení nevycházelo od Yeehatů, ale z něčeho staršího a hlubšího.

Il se leva, les oreilles dressées, le nez testant la brise avec précaution.

Vstal, zvedl uši a opatrně zkoušel nosem vítr.

De loin, un cri faible et aigu perça le silence.

Z dálky se ozvalo slabé, ostré vyštěknutí, které prořízlo ticho.

Puis un chœur de cris similaires suivit de près le premier.

Pak se těsně za prvním ozval sbor podobných výkřiků.

Le bruit se rapprochait, devenant plus fort à chaque instant qui passait.

Zvuk se blížil a s každou chvíli sílil.

Buck connaissait ce cri : il venait de cet autre monde dans sa mémoire.

Buck tenhle výkřik znal – vycházel z onoho jiného světa v jeho paměti.

Il se dirigea vers le centre de l'espace ouvert et écouta attentivement.

Došel doprostřed otevřeného prostoru a pozorně naslouchal.

L'appel retentit, multiple et plus puissant que jamais.

Ozvalo se volání, mnohohlasné a silnější než kdy dřív.

Et maintenant, plus que jamais, Buck était prêt à répondre à son appel.

A nyní, více než kdy jindy, byl Buck připraven odpovědět na své volání.

John Thornton était mort et il ne lui restait plus aucun lien avec l'homme.

John Thornton byl mrtvý a nezůstalo v něm žádné pouto k člověku.

L'homme et toutes ses prétentions avaient disparu : il était enfin libre.

Člověk a všechny lidské nároky byly pryč – konečně byl svobodný.

La meute de loups chassait de la viande comme les Yeehats l'avaient fait autrefois.

Vlčí smečka se honila za masem, stejně jako kdysi Yeehatové.

Ils avaient suivi les orignaux depuis les terres boisées.

Sledovali losy dolů z zalesněných oblastí.

Maintenant, sauvages et affamés de proies, ils traversèrent sa vallée.

Nyní, divocí a hladoví po kořisti, přešli do jeho údolí.

Ils arrivèrent dans la clairière éclairée par la lune, coulant comme de l'eau argentée.

Vběhli na měsíční mýtinu, tekoucí jako stříbrná voda.

Buck se tenait immobile au centre, les attendant.

Buck stál nehybně uprostřed, nehybně a čekal na ně.

Sa présence calme et imposante a stupéfié la meute et l'a plongée dans un bref silence.

Jeho klidná, mohutná přítomnost ohromila smečku a na chvíli umlčela.

Alors le loup le plus audacieux sauta droit sur lui sans hésitation.

Pak se na něj bez váhání vrhl přímo ten nejodvážnější vlk.

Buck frappa vite et brisa le cou du loup d'un seul coup.

Buck udeřil rychle a jedinou ranou zlomil vlkovi vaz.

Il resta immobile à nouveau tandis que le loup mourant se tordait derrière lui.

Znovu stál bez hnutí, zatímco se za ním umírající vlk kroutil.

Trois autres loups ont attaqué rapidement, l'un après l'autre.

Další tři vlci rychle zaútočili, jeden po druhém.

Chacun d'eux s'est retiré en sang, la gorge ou les épaules tranchées.

Každý ustoupil a krvácel, měli podřezané hrdlo nebo ramena.

Cela a suffi à déclencher une charge sauvage de toute la meute.

To stačilo k tomu, aby se celá smečka rozpoutala k divokému útoku.

Ils se précipitèrent ensemble, trop impatients et trop nombreux pour bien frapper.

Vběhli dovnitř společně, příliš dychtiví a natlačení na to, aby dobře zasáhli.

La vitesse et l'habileté de Buck lui ont permis de rester en tête de l'attaque.

Buckova rychlost a dovednosti mu umožnily udržet si náskok před útokem.

Il tournait sur ses pattes arrière, claquant et frappant dans toutes les directions.

Otočil se na zadních nohách, švihal a švihal všemi směry.

Pour les loups, cela donnait l'impression que sa défense ne s'était jamais ouverte ou n'avait jamais faibli.

Vlkům se zdálo, že jeho obrana se nikdy neotevřela ani nezakolísala.

Il s'est retourné et a frappé si vite qu'ils ne pouvaient pas passer derrière lui.

Otočil se a sekl tak rychle, že se k němu nemohli dostat.

Néanmoins, leur nombre l'obligea à céder du terrain et à reculer.

Jejich počet ho nicméně donutil ustoupit a ustoupit.

Il passa devant la piscine et descendit dans le lit rocheux du ruisseau.

Prošel kolem tůně a sestoupil do kamenitého koryta potoka.

Là, il se heurta à un talus abrupt de gravier et de terre.

Tam narazil na strmý břeh ze štěrku a hlíny.

Il s'est retrouvé coincé dans un coin coupé lors des fouilles des mineurs.

Během starého kopání horníků se na hraně dostal do rohového výkopu.

Désormais protégé sur trois côtés, Buck ne faisait face qu'au loup de devant.

Nyní, chráněný ze tří stran, čelil Buck pouze přednímu vlkovi.

Là, il se tenait à distance, prêt pour la prochaine vague d'assaut.

Tam stál v šachu, připravený na další vlnu útoku.

Buck a tenu bon si farouchement que les loups ont reculé.

Buck se tak zuřivě držel svého místa, že vlci ustoupili.

Au bout d'une demi-heure, ils étaient épuisés et visiblement vaincus.

Po půl hodině byli vyčerpaní a viditelně poraženi.

Leurs langues pendaient, leurs crocs blancs brillaient au clair de lune.

Jejich jazyky visely a jejich bílé tesáky se leskly v měsíčním světle.

Certains loups se sont couchés, la tête levée, les oreilles dressées vers Buck.

Někteří vlci si lehli se zvednutými hlavami a nastraženými ušima směrem k Buckovi.

D'autres restaient immobiles, vigilants et observant chacun de ses mouvements.

Ostatní stáli nehybně, ostražitě a sledovali každý jeho pohyb.

Quelques-uns se sont dirigés vers la piscine et ont bu de l'eau froide.

Pár lidí se zatoulalo k bazénu a napilo se studené vody.

Puis un loup gris, long et maigre, s'avança doucement.

Pak se jeden dlouhý, hubený šedý vlk tiše připlížil vpřed.

Buck le reconnut : c'était le frère sauvage de tout à l'heure.

Buck ho poznal – byl to ten divoký bratr z dřívějška.

Le loup gris gémit doucement, et Buck répondit par un gémissement.

Šedý vlk tiše zakňučel a Buck mu odpověděl kňučením.

Ils se touchèrent le nez, tranquillement et sans menace ni peur.

Dotkli se nosy, tiše a bez hrozby či strachu.

Ensuite est arrivé un loup plus âgé, maigre et marqué par de nombreuses batailles.

Další přišel starší vlk, vyhublý a zjizvený z mnoha bitev.

Buck commença à grogner, mais s'arrêta et renifla le nez du vieux loup.

Buck začal vrčet, ale pak se zarazil a očichal starému vlkovi k čumáku.

Le vieux s'assit, leva le nez et hurla à la lune.

Stařík se posadil, zvedl nos a zavýjel na měsíc.

Le reste de la meute s'assit et se joignit au long hurlement.

Zbytek smečky se posadil a připojil se k dlouhému vytí.

Et maintenant, l'appel est venu à Buck, indubitable et fort.

A teď k Buckovi dolehlo volání, nezaměnitelné a silné.

Il s'assit, leva la tête et hurla avec les autres.

Posadil se, zvedl hlavu a zavýl s ostatními.

Lorsque les hurlements ont cessé, Buck est sorti de son abri rocheux.

Když vytí ustalo, Buck vyšel ze svého skalnatého úkrytu.

La meute se referma autour de lui, reniflant à la fois gentiment et avec prudence.

Smečka se kolem něj sevřela a laskavě i ostražitě čichala.

Les chefs ont alors poussé un cri et se sont précipités dans la forêt.

Pak vůdci vyštěkli a rozběhli se do lesa.

Les autres loups suivirent, hurlant en chœur, sauvages et rapides dans la nuit.

Ostatní vlci je následovali a štěkali ve sboru, divoce a rychle v noci.

Buck courait avec eux, à côté de son frère sauvage, hurlant en courant.

Buck běžel s nimi vedle svého divokého bratra a při běhu vyl.

Ici, l'histoire de Buck fait bien de se terminer.

Zde se Buckův příběh dobře uzavírá.

Dans les années qui suivirent, les Yeehats remarquèrent d'étranges loups.

V následujících letech si Yeehati všimli podivných vlků.

Certains avaient du brun sur la tête et le museau, du blanc sur la poitrine.

Někteří měli na hlavě a čenichu hnědou barvu a na hrudi bílou.

Mais plus encore, ils craignaient une silhouette fantomatique parmi les loups.

Ale ještě víc se báli přízračné postavy mezi vlky.

Ils parlaient à voix basse du Chien Fantôme, chef de la meute.

Šeptem mluvili o Duchovém psu, vůdci smečky.

Ce chien fantôme était plus rusé que le plus audacieux des chasseurs Yeehat.

Tento Duchový pes byl mazanější než nejodvážnější lovec Yeehatů.

Le chien fantôme a volé dans les camps en plein hiver et a déchiré leurs pièges.

Duchový pes kradl z táborů v hluboké zimě a roztrhal jim pasti.

Le chien fantôme a tué leurs chiens et a échappé à leurs flèches sans laisser de trace.

Duch psa zabil jejich psy a beze stopy unikl jejich šípům.

Même leurs guerriers les plus courageux craignaient d'affronter cet esprit sauvage.

I jejich nejstatečnější válečníci se báli čelit tomuto divokému duchu.

Non, l'histoire devient encore plus sombre à mesure que les années passent dans la nature.

Ne, příběh se s plynoucími lety v divočině stává stále temnějším.

Certains chasseurs disparaissent et ne reviennent jamais dans leurs camps éloignés.

Někteří lovci zmizí a už se nikdy nevrátí do svých vzdálených táborů.

D'autres sont retrouvés la gorge arrachée, tués dans la neige.

Jiní jsou nalezeni s roztrhaným hrdlem, zabiti ve sněhu.

Autour de leur corps se trouvent des traces plus grandes que celles que n'importe quel loup pourrait laisser.

Kolem jejich těl jsou stopy – větší, než by je dokázal udělat jakýkoli vlk.

Chaque automne, les Yeehats suivent la piste de l'élan.

Každý podzim sledují Yeehati stopu losa.

Mais ils évitent une vallée avec la peur profondément gravée dans leur cœur.

Ale jednomu údolí se vyhýbají se strachem vrytým hluboko do srdcí.

Ils disent que la vallée a été choisie par l'Esprit du Mal pour y vivre.

Říká se, že údolí si za svůj domov vybral zlý duch.

Et quand l'histoire est racontée, certaines femmes pleurent près du feu.

A když se ten příběh vypráví, některé ženy pláčou u ohně.

Mais en été, un visiteur vient dans cette vallée tranquille et sacrée.

Ale v létě do onoho tichého, posvátného údolí přijde jeden návštěvník.

Les Yeehats ne le connaissent pas et ne peuvent pas le comprendre.

Yeehati o něm neznají, ani by mu nemohli porozumět.

Le loup est un grand loup, revêtu de gloire, comme aucun autre de son espèce.

Vlk je skvělý, ostříhaný slávou, jako žádný jiný svého druhu.

Lui seul traverse le bois vert et entre dans la clairière de la forêt.

Sám přechází přes zelený les a vstupuje na lesní mýtinu.

Là, la poussière dorée des sacs en peau d'élan s'infiltre dans le sol.

Tam se do půdy vsakuje zlatavý prach z pytlů z losí kůže.

L'herbe et les vieilles feuilles ont caché le jaune du soleil.

Tráva a staré listí skryly žlutou barvu před sluncem.

Ici, le loup se tient en silence, réfléchissant et se souvenant.

Zde vlk mlčky stojí, přemýšlí a vzpomíná.

Il hurle une fois, longuement et tristement, avant de se retourner pour partir.

Zavyje jednou – dlouze a truchlivě – než se otočí k odchodu.

Mais il n'est pas toujours seul au pays du froid et de la neige.

Přesto není v zemi chladu a sněhu vždycky sám.

Quand les longues nuits d'hiver descendent sur les basses vallées.

Když se na dolní údolí snesou dlouhé zimní noci.

Quand les loups suivent le gibier à travers le clair de lune et le gel.

Když vlci pronásledují zvěř za měsíčního svitu a mrazu.

Puis il court en tête du peloton, sautant haut et sauvagement.

Pak běží v čele smečky, skáče vysoko a divoce.

Sa silhouette domine les autres, sa gorge est animée par le chant.

Jeho postava se tyčí nad ostatními, v hrdle mu zní zpěv.

C'est le chant du monde plus jeune, la voix de la meute.

Je to píseň mladšího světa, hlas smečky.

Il chante en courant, fort, libre et toujours sauvage.

Zpívá si, když běží – silný, svobodný a navždy divoký.